建设服务型政府

——中国政务热线服务能力发展报告（2021）

黄国彬　陈　亮　邓金花　等 著

海洋出版社

2021年·北京

图书在版编目(CIP)数据

建设服务型政府：中国政务热线服务能力发展报告(2021) / 黄国彬等著. -- 北京：海洋出版社，2021.6

ISBN 978-7-5210-0799-2

Ⅰ. ①建… Ⅱ. ①黄… Ⅲ. ①国家行政机关－咨询服务－研究报告－中国－2021 Ⅳ. ①D630.1

中国版本图书馆CIP数据核字(2021)第129565号

责任编辑：杨　明
责任印制：安　淼

海洋出版社 出版发行
http://www.oceanpress.com.cn
北京市海淀区大慧寺路 8 号　邮编：100081
中煤（北京）印务有限公司印刷　新华书店北京发行所经销
2021年7月第1版　2021年7月第1次印刷
开本：787mm × 1092mm　1 / 16　印张：13.25
字数：141千字　定价：60.00元

发行部：010-62100090　邮购部：010-62100072　总编室：010-62100034
海洋版图书印、装错误可随时退换

《建设服务型政府——中国政务热线服务能力发展报告（2021）》编委会

序

政务服务便民热线是政府和社会公众沟通的桥梁，也是反映问题建议、推动解决民生问题的重要渠道。因此，优化政务服务便民热线，对于有效利用政务资源、提高服务效率、加强监督考核、提升企业和群众满意度具有重要作用。

党中央、国务院高度重视加快服务型政府建设，注重政务服务便民热线的质量提升。为进一步优化地方政务服务便民热线、提高政府便民服务水平，2021 年 1 月 6 日，《国务院办公厅关于进一步优化地方政务服务便民热线的指导意见》正式发布。意见明确指出，要“健全 12345 热线社会监督机制，推动开展 12345 热线服务效能‘好差评’工作”。

通过开展以学术机构为主导的政务服务便民热线第三方评估，对推进我国政务服务便民热线建设与服务水平的提升，具有深远意义。一方面，第三方评估可以弥补政府自我评估的不足。为确保政务服务便民热线服务能力评估结果的客观公正，需要引入第三方评估。从而在评估中建立科学程序，构建客观、中立的评估体系，从体制外对行政主体进行监督与制约，使其更加关注政务服务便民热线的服务过程，完善管理机制，提升服务实效，提升政府形象。另一方面，第三方也能将政务服务便民热线评估开展过程中所发现的问题，反馈到政府部门，从而促使政府相关部门查找不足，改进相关服务，推动服务型政府的建设与发展。

从公众的角度来看，第三方评估体系与机制的建立，能够更好地促进政民有效互动，不断增强人民群众的获得感、幸福感和安全感，进一步促进政府与公众之间的相互理解、信任与合作，改善政府公共关系，更好地推动国家治理体系和治理能力现代化。

基于前述共识，以党中央、国务院对政务服务便民热线的发展定位为导向，在对政务服务便民热线进行走访座谈与网络调查的基础上，北京师范大学政府管理学院服务型政府研究中心牵头，参照《政府热线服务评价》（GB/T 33357—2016）和《政府热线服务规范》（GB/T 33358—2016）等国家标准，经过业内专家学者的充分研讨，制定了《全国统一政务服务热线服务能力评价方案》和《全国统一政务服务热线服务能力评估指标体系》。

2021 年 1—2 月期间，政务服务便民热线评估工作组通过电话拨测、网络调研和数据挖掘等方法与技术，完成了全国省级行政区划单位（不含港澳台）、地级行政区划单位和国务院有关部门设立的政务服务便民热线共 394 条政务热线的评估数据采集和系统评估工作，最终由北京师范大学政府管理学院服务型政府研究中心和中国电子信息产业发展研究院赛迪呼叫联合完成了《建设服务型政府——中国政务热线服务能力发展报告（2021）》。

在政务服务便民热线评估的实践探索中，政务服务便民热线评估工作组从总体评估结果、专项指标分析、评估亮点、突出问题和改进建议等角度，系统地揭示了我国政务服务便民热线建设与服务当前存在的主要问题和影响因素，并提出若干可行的应对策略。

在推进国家治理体系和治理能力现代化作为全面深化改革的总目标的驱动下，我国政务服务便民热线的建设必将迎来新的发展机遇。报告的发布，对推进我国政务服务便民热线建设与服务能力的整体提升具有重要的参考价值。当前，已有相关机构开展政务服务便民热线的评估工作，产生了较好的社会反响。该报告将进一步拓宽我国政务服务便民热线评估的理论研究视野和实践探索边界，并为提升我国政务服务便民热线建设质量与服务水平添砖加瓦。

北京大学信息管理系　教授

2021 年 5 月

前　言

党中央、国务院高度重视加快服务型政府建设，重视政务服务便民热线的服务质量提升。政务服务便民热线直接面向企业和群众，是反映问题建议、推动解决政务服务问题的重要渠道。为进一步优化地方政务服务便民热线、提高政府为企便民服务水平，《国务院办公厅关于进一步优化地方政务服务便民热线的指导意见》明确要求，要“健全 12345 热线社会监督机制，推动开展 12345 热线服务效能‘好差评’工作”。通过开展以学术机构为主导的政务服务便民热线第三方评估，以客观、中立、公正为基本准则，着眼于以评促建、以评促改、以评促升，将有利于更好地提升我国政务服务便民热线的建设与服务水平。

为此，在前期对部分政务服务便民热线进行走访座谈与网络调查的基础上，以党中央、国务院对政务服务便民热线的发展定位为导向，经过业内专家学者的充分研讨，北京师范大学政府管理学院服务型政府研究中心牵头编制了《全国统一政务服务热线服务能力评价方案》和《全国统一政务服务热线服务能力评估指标体系》。

为确保评估指标与评估方案的可行性和科学性，北京师范大学政府管理学院服务型政府研究中心联合中国电子信息产业发展研究院赛迪呼叫，于 2020 年 12 月通过网络调查的方式开展了预评估工作。考虑到当前我国政务服务便民热线的建设与服务现状，以及评估数据的可获得性和评估工作的公平性，最终将本次评估的指标体系调整为三个一级指标和八个二级指标，一级指标包括：受理渠道、服务能力和宣传推广；二级指标包括：电话受理、互联网受理、互联互通、基本礼仪、沟通能力、业务能力、政府媒体与商业媒体。

在前述工作的基础上，于2021年1—2月，评估工作组通过电话拨测、网络调研和大数据挖掘等方法与技术，完成了全国省级行政区划单位（不含港澳台）、地级行政区划单位和国务院有关部门设立的政务服务便民热线共394条的评估数据采集工作。鉴于部分政务服务便民热线在评估期间无法被采集到有效的评估数据，最后确定进入本次评估的全国政务服务便民热线为370条。经过精心组织和有效落实，评估工作组于2021年3月完成了本次评估的全部工作，最终完成了《建设服务型政府——中国政务热线服务能力发展报告(2021)》的编制。

本次评估工作的顺利完成，得到赛迪呼叫政务服务便民热线专项调研工作组、晟丰凯瑞规划设计研究院政务服务便民热线专项调研工作组的大力支持，中电万维信息技术有限责任公司和上海德拓信息技术有限公司为本报告的数据采集与整理提供了技术支持。在此表示诚挚的感谢。

本书内容涉及政务服务便民热线的发展历程与现状、政务服务便民热线服务能力评估的理论基础和政务服务便民热线评估的实践探索等，较为系统地剖析了政务服务便民热线第三方评估的核心要素，可为政务服务便民热线的主管部门、承建单位和运维主体提供实践指导，也可以为从事政民互动、政务热线研究的学者提供理论参考，可作为高等院校行政管理、政府管理和公共管理等相关专业本科生或研究生的学习用书。

针对全国政务服务便民热线服务能力的评估，其评估工作的严谨性和科学性要求较高。由于时间紧，任务重，更囿于本报告编制团队的学力和积累，本次评估定有诸多不尽完善之处，恳请各位不吝对我们多加指正。您的建议与批评，始终与我们的初心相向而行。期望与您一起成为我国政务服务便民热线实现建设与服务齐发展的见证者和参与者。

黄国彬
2021 年 5 月

目　录

第一篇　世界主要国家政务服务便民热线的兴起与发展

第二篇　政务服务便民热线第三方评估的特点、意义与发展思路

第三篇　全国政务服务便民热线服务能力发展报告

附　录

第一篇
世界主要国家政务服务便民热线的兴起与发展

政务服务便民热线是各国政府为倾听社情民意、回应群众关切、提高政府办事效率而采用的一种政务处理方式，是政府对外服务、畅通企业和群众诉求的重要政民互动平台。目前，包括我国在内，已有美国、英国和德国等在内的多个国家，开通了政务服务便民热线。历经多年的探索与发展，政务服务便民热线在覆盖范围、功能定位、信息化水平、队伍建设、运行机制和管理模式等方面，得到了极大的提升，并被民众广泛知晓、普遍认可和充分依赖，有力地促进了国家治理水平和执政能力的提高。

一、我国政务服务便民热线的兴起与发展

在我国，政务服务便民热线常被称为“政务热线”“政府热线”“公共服务热线”，类似的表达还有“市民热线”“市民服务热线”“12345市民服务热线”“12345 热线”“便民热线”“××（市）热线”“市长电话”“市长热线”“政府服务热线”“政府公开电话”“市长热线客服电话”“政府 12345 热线”“12345 政务服务总客服”等十余种之多，国外一般称之为“呼叫中心”或“客户服务中心”。

据学者考证，我国最早开通的政务服务便民热线始于 1983 年沈阳市开通的“市长热线”。经过近 40 年的建设，从涉及事件的紧急程度与功能定位上，政务服务便民热线主要包括紧急热线和非紧急热线两种类型。紧急热线主要有 110、119、120、122 等，而非紧急热线则用于受理企业和群众的各类非紧急诉求。

（一）总体发展情况

依据中华人民共和国民政部发布的《中华人民共和国行政区划统计表》[1]，截至2019年12月31日，我国现有省级行政区划单位34个，包括4个直辖市、23个省、5个自治区和2个特别行政区，我国现有地级行政区划单位333个，包括293个地级市、7个地区、30个自治州和3个盟。

据不完全统计，目前我国各部委开通的123号段政务服务便民热线已有近60条，而市级以上政府设立的12345政务服务便民热线也已超过300条。

经进一步调研发现，截至2021年2月，内蒙古、浙江、福建、河南、湖北、湖南、广东、西藏、甘肃、新疆共10个省级行政区划单位12345政务服务便民热线电话未开通或无法通过省会城市热线电话转接；内蒙古兴安盟、贵州毕节市、西藏林芝市、西藏那曲市、新疆吐鲁番市共5个地级行政区划单位12345政务服务便民热线无法接通；内蒙古赤峰市、青海海南藏族自治州、青海海北藏族自治州、青海海西蒙古族藏族自治州共4个地级行政区划单位12345政务服务便民热线未开通；海南三沙市和儋州市共2个地级行政区划单位12345政务服务便民热线合并到海南省12345政务服务便民热线。

在国务院有关部门设立的政务服务便民热线中，国家移民管理局设立的12367咨询服务热线和国家医疗局设立的12393医疗保障

1　中华人民共和国民政部.中华人民共和国行政区划统计表[EB/OL].2019-12-31.[2021-01-26]. http://xzqh.mca.gov.cn/statistics/2019.html.

服务热线未开通；国家市场监督管理总局设立的12315市场监管投诉举报热线和地方设立的12345政务服务热线合并，未能取得有效评估数据。

总体来说，目前我国直辖市以外的省级行政区划单位（不含港澳台）设立的12345政务服务便民热线共17条；直辖市设立的12345政务服务便民热线共4条；省会城市和计划单列市设立的12345政务服务便民热线共32条；地级行政区划单位（不包含省会城市和计划单列市）设立的12345政务服务便民热线共290条。而国务院有关部门设立的政务服务便民热线则有27条。

（二）功能定位

明确政务服务便民热线的功能定位是确定其工作范围、梳理其工作职责、提高其响应效率的关键。政务服务便民热线在我国的发展初期，主要用于群众的投诉举报。随着政务服务便民热线服务效能的提升，政府服务便民热线已经成为政府有关职能部门面向群众开放的一个公共窗口[1]，是能够有效处理社情民意的高效服务平台，在有效响应民情民意的过程中，政府和市民之间的距离感被缩短，政府和民众之间的沟通更加顺畅，政府各项工作得到监督改进，政府对外服务形象得到良好的树立。

在此过程中，各级政府均进一步明确了政务服务便民热线的基

1　罗锐．呼叫中心整合政府服务热线方案设计[J]．信息通信，2011(2):75-76.

本定位。比如，北京市政府将北京 12345 定位为[1]：坚持以人民为中心的发展思想，以“记得住、打得通、办得快、有回音、信得过”为目标，本着“便民、集约、高效、智慧”的原则，持续推进政务服务便民热线整合，完善“一号对外、集中受理、分类处置、各方联动、限时办结、评价考核”工作机制，更广泛地了解民情、倾听民意、集中民智，方便群众与政府部门零距离沟通，增加管理的科学性，服务的高效性，进一步发挥市民服务热线作为政务服务“总客服”的作用，打造了 24 小时不下班的服务型政府。

（三）受理范围

政务服务便民热线的受理范围是对其功能定位的具体化。明确政务服务便民热线的受理范围，有利于政务服务便民热线主管部门、承建单位、运维主体等聚焦政务服务便民热线的工作目标，建立任务清单。据调研，为了使民众能够快速、准确、高效地使用政务服务便民热线，各级政府通过多种渠道，包括本级政府门户网站、政务服务便民热线专用网站、政务服务便民热线专用手机应用程序（APP）、政务服务便民热线专用微信公众号、政务服务便民热线专用微博号和政务服务便民热线专用微信小程序等，对政务服务便民热线的受理范围和不受理范围加以阐明。

1 国务院新闻办公室. 北京举行2020年北京市“接诉即办”改革工作新闻发布会[EB/OL]. 2021-01-08[2021-05-03]. http://www.scio.gov.cn/xwfbh/gssxwfbh/xwfbh/beijing/Document/1696687/1696687.htm

以上海 12345 市民服务热线为例，其受理范围包括[1]：各类政策和公共信息的咨询、非紧急类求助、涉及政府公共管理和公共服务的投诉以及收集对本市公共管理、公共服务和经济社会发展的意见和建议。

除了以受理范围的方式来明确政务服务便民热线的工作职责和任务清单，也有部分政务服务便民热线进一步界定了不受理的业务范围。比如，2021 年 1 月发布的《重庆市 12345 政务服务便民热线运行管理暂行办法》规定[2]，重庆 12345 热线不予受理事项包括：通过诉讼、仲裁、纪检监察、行政复议、政府信息公开等程序解决的事项和已进入信访渠道的事项；涉及国家秘密、商业秘密、个人隐私和违反社会公序良俗的事项；法律法规规章等规定不予受理的其他事项。天津市则将便民服务专线平台不予受理的范围明确为以下三项[3]：涉及党务工作、军队工作、司法审判、纪检监察、信访等方面的事项；涉及国家机密、商业秘密、个人隐私的事项；违反法律、法规或者违背社会公序良俗等其他不宜受理的事项。

2021 年 1 月，国务院办公厅在《关于进一步优化地方政务服务便民热线的指导意见》中，对全国政务服务便民热线的受理范围与不

1 sohu. 上海12345市民服务热线[EB/OL].2018-10-18[2021-05-06]. https://m.sohu.com/a/260249602_781133/.

2 重庆市人民政府. 重庆市人民政府办公厅关于印发重庆市12345政务服务便民热线运行管理暂行办法的通知[EB/OL]. 2021-01-29[2021-05-04].

https://www.cq.gov.cn/zwgk/zfxxgkml/szfwj/xzgfxwj/szfbgt/202103/t20210301_8952982.html.

3 天津市人民政府政务服务办公室. 便民服务专线平台受理范围包括[EB/OL].[2021-05-06].http://bmzx.zwfwb.tj.gov.cn/home/index/aboutus/singlepage/area.html.

受理范围作出了统一部署[1]：受理企业和群众各类非紧急诉求，包括经济调节、市场监管、社会管理、公共服务、生态环境保护等领域的咨询、求助、投诉、举报和意见建议等。不受理需通过诉讼、仲裁、纪检监察、行政复议、政府信息公开等程序解决的事项和已进入信访渠道的事项以及涉及国家秘密、商业秘密、个人隐私和违反社会公序良俗的事项。

二、美国政务服务便民热线的兴起与发展

美国政务服务便民热线目前主要有紧急热线与非紧急热线。其中，911 是美国主要的紧急热线，而 311、411 和 511 则是美国主要的非紧急热线。

（一）总体发展情况

美国政务服务便民热线的兴起与发展始于紧急热线 911 的推动[2]。1966 年，美国国家科学院（National Academy of Sciences）发表了一份具有里程碑意义的报告《意外死亡和残疾：现代社会被忽视的疾病》（*Accidental Death and Disability: The Neglected*

1　中国政府网. 国务院办公厅关于进一步优化地方政务服务便民热线的指导意见[EB/OL]. 2021-01-06[2021-05-05]. http://www.gov.cn/zhengce/content/2021-01/06/content_5577419.htm.

2　911. gov. 50 Years of 911[EB/OL]. [2021-05-06]. https://www.911.gov/50-years-of-911.html.

Disease of Modern Society）。该报告重点研究了意外死亡和伤害，特别是机动车碰撞造成的意外死亡和伤害在美国已发展成为一个严峻问题的原因，并敦促政府采取一系列措施来减少这些不必要的死亡和伤害。

在 911 出现之前，一旦遇到紧急情况，人们通常需要拨打当地 10 位数的电话号码才能联系到警察、消防或紧急服务部门，不仅号码难以记忆，而且也不方便政府在全国范围内进行资源调度与配置。为此，1968 年 2 月，美国开启了“911 系统”（911 system）。“911 系统”旨在为人们提供一个通用的、易于记忆的号码，使他们能够从任何地点，以任何电话设备联系到警察、消防或紧急医疗救助，而无需查找特定的电话号码。

据不完全统计，美国已有 2 万余个 911 中心，多数设在警察局，还有少数是独立的政府部门。人们遇到火灾、事故等威胁生命财产安全的情况，均可以拨打这个号码。

随着 911 业务量的增长，为了缓解响应压力，美国开始设立 311 市政服务专线。1996 年，美国马里兰州的巴尔的摩市成功地开通了 311 市民服务热线。纽约、华盛顿、芝加哥、洛杉矶等 30 余个城市与地区也陆续设立了 311 市民服务热线[1]。

在 911 和 311 之外，美国的 411 是本地区查号台，相当于我国的 114。市民可以通过 411 查到美国任何一家机构或者公司的电话，甚至可以查询电影上映的影院和播放时间。511 是美国出行资讯电话，被誉为出行小帮手，民众可以通过拨打 511，报告交通状况、查询

1 王青青.美英印等国的政务热线及服务特色[J].时代农机, 2015, 42(11):70−71.

旅游相关信息、天气情况等。511 系统还为听力障碍和非英语用户提供相应的服务。

总体上，在美国已开设的 311、411、511 和 911 这些政务服务便民热线中，从功能定位和受理范围上，311 与我国的 12345 政务服务便民热线最为相近。因此，后文将重点介绍美国 311 的功能定位与受理范围。

（二）功能定位

在美国多所城市开通的 311 市民服务热线中，以纽约市 311 市民服务热线的影响力最大。根据纽约 311 市民服务热线官方网站最新公布的数据，2018 年全年，纽约 311 市民服务热线的接入记录总数为 4402.363 万条，以纽约市当时的人口总数计算，相当于 2018 年每位纽约市民向 311 市民服务热线发出请求 5.1 次[1]。

纽约市 311 市民服务热线（NYC 311），也称“311 联络中心”（311 Contact Center）、“311 客户联络中心”（311 Customer Contact Center）。是纽约市政府建立的一个实体机构，由纽约市信息技术和电信部（The New York City Department of Information Technology & Telecommunications，DOITT）和纽约市市长办公室共同管理，致力于为电话呼叫者（callers）、在线用户，或以其他电子方式接入的联络者，提供其所需的非紧急市政服务（non-emergency city

1 NYC 311. 311 Sets New Record with 44 Million Customer Interactions in 2018[EB/OL]. 2019-02-19[2021-05-03]. https://www1.nyc.gov/311/311-sets-new-record-in-2018.page.

services）[1]。

以组约311市民服务热线为例，其功能定位是[2]，提供最好的服务，使公众可以快速方便地访问纽约市政府全部的服务和信息。让各机构可以专注自身的核心任务，有效开展工作，以持续提升其为民服务水平。在此基础上，纽约311市民服务热线将通过准确和一致的评估和分析提供服务，为完善城市治理提供建议与支持。

（三）受理范围

美国311市民服务系统是以城市为单元，每个城市所建设的311系统基本可以联动所有的政府管理相关部门，为市民提供各类政府信息和服务咨询，以及公共事务的办理。市民也可以通过311服务系统向政府反映意见、提出建议和投诉控告等。

目前，纽约311市民服务热线已发展成为911系统的强力辅助，主要处理非紧急事件，包括水电、交通、道路、卫生等一系列生活问题。比如，道路坑洼、垃圾回收、停车执法、非法倾倒、路灯维修等。市民不仅可以向政府提意见，而且能够获得多种语言的翻译服务，确保交流无障碍。

1 NYC 311. Read the NYC311 Privacy Policy[EB/OL]. 2019-06-29[2021-05-03]. https://www1.nyc.gov/assets/doitt/downloads/pdf/311-privacy-policy.pdf

2 NYC 311. Our Mission[EB/OL].[2021-05-03].https://portal.311.nyc.gov/about-nyc-311/

（四）主要特色

从当前的建设情况与服务水平来看，纽约 311 市民服务热线具有以下七项特点：

（1）提供全年 7×24 不间断服务。纽约 311 市民服务热线提供全天候受理服务。

（2）开通多种受理渠道。纽约 311 市民服务热线借助电话受理渠道、短信受理、网站受理、视频中继服务、社交媒体、手机应用程序等 10 种接入方式，多渠道开展服务。2019 年，纽约 311 市民服务热线公布的数据表明，虽然 2018 年全年电话渠道的受理量增加了 4%，有 2090 万位用户拨打 311 市民服务热线，但通过网站、移动应用程序、文本、线上聊天或社交媒体等数字渠道接入纽约 311 市民服务热线的客户人次，却比 2017 年增加了 16.6%，占总接入记录的 52.4%，在纽约 311 市民服务热线开通服务 15 年的历史上，首次超越了传统的电话受理渠道[1]。

（3）强调国际性。纽约是世界特大城市之一，号称“世界之都”，是美国最大的金融、商业、贸易和文化中心，考虑人口来源的国际性，纽约 311 市民服务热线支持多种语言的接入服务。

（4）对人工坐席语言能力的高标准要求。纽约 311 市民服务热线为市民提供超过 175 种语言的热线服务，每个人工坐席都要求掌握超过几十种语言的关键词汇，以便能够将来电接入纽约 311 市民

1 NYC 311.311 Sets New Record with 44 Million Customer Interactions in 2018[EB/OL].2019−02−19[2021−05−03].https://www1.nyc.gov/311/311-sets-new-record-in-2018.page

服务热线的专门语言中心，让合适的专业翻译人员协助提供服务。

（5）全年受理的业务量庞大。以 2018 年为例，纽约 311 市民服务热线的接入记录总数为 4402.363 万条，相当于每位纽约市民发出请求 5.1 次。

（6）关注交流能力较弱的群体交流表达方式。纽约 311 市民服务热线为聋哑人士、听力障碍者或言语障碍者，提供了短信受理、文本电话（TTY）等接入方式。

（7）强调个人隐私的保护。纽约 311 市民服务热线制定了详细的隐私保护条款，内容涵盖可交换性、最小必要收集个人信息、最小必要访问和发布个人信息、最短必要的个人信息保留期限、安全防护、透明性、互联网和电子形式的传输、311 市民服务热线手机应用程序（APP）和违法行为等九个方面[1]。

三、英国政务服务便民热线的兴起与发展

英国是世界上较早设立政务服务便民热线的国家之一。1937 年，伦敦作为世界上最早启用紧急电话号码的地区，启用了“999”这一号码为民众提供紧急服务。目前，英国主要的紧急热线是 999 和 116，而非紧急热线主要有 101 和 111。下文重点介绍英国 101 和 111 这两种政务服务便民热线。

1 NYC 311. Read the NYC311 Privacy Policy[EB/OL].2019-06-29[2021-05-03]. https://www1.nyc.gov/assets/doitt/downloads/pdf/311-privacy-policy.pdf

（一）总体发展情况

1. 英国101

英国 101 是英格兰和威尔士警察部队的非紧急全天候联系电话。创建 101 服务是为了缓解 999 警务热线的压力。2004 年，英国共发生了 1000 万次 999 通话，但是，这些电话中有 70%被认为不属于紧急情况[1]。在早期，当用户通过移动电话或固定电话拨打 101 时，每次通话需要支付 10 便士的通话费，随后提高到 15 便士。这一涨价行为引起人们的不满，导致一些人在他们本可以拨打 101 的时候却拨打了 999，这与鼓励人们在必要时使用 101 而不是与 999 的初衷相违背。为防止这种情况的出现，自 2020 年 4 月 1 日起，民众可以免费拨打 101[2]。

截至 2019 年，英国全部 45 个地区的警察部队都接入了 101 热线系统。当然，不隶属于内政部的英国警察部队大多不在 101 的覆盖范围之内。比如，英国运输警察、多佛港警察、民用核警察、国防部警察、默西隧道警察几支警察部队；在英国境外服务的警察部队，也不属于 101 的覆盖范围，包括：根西岛警察、马恩岛警察、泽西岛警察[3]三支警察部队。

1 BBC News, Summer launch for 101 crime line[EB/OL].[2021–04–30]. http://news.bbc.co.uk/2/hi/uk_news/4786082.stm.

2 The Telegraph, All 101 calls to police be free as 15p charges are scrapped after Telegraph campaign[EB/OL]. [2021–04–30]. https://www.telegraph.co.uk/politics/2020/03/31/101-calls-police-free-15p-charges-scrapped-telegraph-campaign/.

3 Police UK, Contact the Police[EB/OL]. [2021–04–30]. https://web.archive.org/web/20200621172348/https://www.police.uk/pu/contact-the-police/.

2. 英国111

英国国家健康体系（National Health Service，NHS），又称英国国民医疗服务体系，包括英格兰、苏格兰、威尔士国家健康服务体系。NHS 的运营费用主要由一般税收而不是保险支付医疗费用提供。NHS 所提供的医疗服务较为全面，且绝大多数是英国居民可以免费使用的情形。为方便英国民众快捷使用 NHS 的相关服务，该机构开通了 111 政务服务便民热线（下文简称英国 111）。

英国 111 全天候可用。据统计，2017—2018 年英国 111 共接到 1600 万通电话。这项服务非常适合引导大量有非紧急健康问题的患者寻求急诊科之外的治疗[1]。

在日常服务的过程中，如果用户是聋哑人士并想使用电话服务，则可以使用所在国家 / 地区提供的英国 111 手语服务。必要的话，还可以要求提供一位翻译。NHS 还为用户使用这一热线服务提供了文字指南、手语视频指南以及语音指南。

从 2010—2015 年，该服务已处理了 2400 万次呼叫，平均呼叫时长为 14 分钟，60 秒内已应答 97%的电话。尽管英国 111 是非紧急情况的求助热线，但仍有 10%的呼叫触发了救护车的派遣——从 2014 年 4 月至 2015 年 3 月的 12 个月中，有 93000 例的呼叫需要紧急救护车提供服务[2]。

1　Egan M, Murar F, Lawrence J, et al. Original research: Identifying the predictors of avoidable emergency department attendance after contact with the NHS 111 phone service: analysis of 16.6 million calls to 111 in England in 2015–2017[J]. BMJ Open, 2020, 10(3).

2　Daily Telegraph, How NHS 111 helpline refuses to send out ambulances[EB/OL]. [2021–04–30]. https://www.telegraph.co.uk/news/investigations/how-nhs-111-helpline-refuses-to-send-out-ambulances/.

（二）功能定位

1. 英国101的功能定位

英国 101 是英格兰和威尔士警察部队的非紧急联系电话，全天候提供服务。使用这个号码可有效降低 999 系统的压力，使警察能够优先处理紧急呼叫。例如，如果市民想与当地警察交谈，获得预防犯罪的建议，或者报告不需要紧急响应的犯罪[1]，均可以拨打英国 101。

2. 英国111的功能定位

英国 111 是一条免费的非紧急医疗保健热线，旨在确保呼叫者在“正确的地点，第一时间”得到关注。英国 111 服务的呼叫处理人员使用经临床验证的分类算法，即“NHS 路径”，评估呼叫者的健康问题，然后依据健康问题的严重程度或是派出救护车，或是建议呼叫者自行前往急诊，或是建议呼叫者自行去获取初级保健服务或进行自我疗愈[2]。

（三）受理范围

1. 英国101的受理范围

英国 101 是英国警察非紧急热线，目前已经覆盖了英格兰、威

1 ASK THE POLICE.What is 101 and when should it be used?[EB/OL].[2021-05-07]. https://www.askthe.police.uk/Content/Q101.htm

2 Egan M, Murar F, Lawrence J, et al. Original research: Identifying the predictors of avoidable emergency department attendance after contact with the NHS 111 phone service: analysis of 16.6 million calls to 111 in England in 2015–2017[J]. BMJ Open, 2020, 10(3).

尔士、苏格兰及北爱尔兰等地区。该电话会自动将呼叫者连接到其所在地警察部队，其工作原理类似于999紧急热线。英国101不接受来自于英国以外的电话。

可以拨打英国101的情况包括：用于报告轻微和非紧急犯罪，不需要立即或高度优先响应，并且生命没有立即危险，例如：如果犯罪嫌疑人不在该地区，要举报犯罪；为调查提供证据；向警方提供有关犯罪威胁的信息；向警方询问；查验警员身份。101系统会根据呼叫者所连接的电话交换机或手机信号塔来确定呼叫者的位置，并自动将其连接到英国101所覆盖的该区域的警察局，除非呼叫者另有选择。在某些情况下，如果某些呼叫者靠近某一地区的边界，101系统会根据预先设定作出优先推荐。如果呼叫者想与由自动系统确定的警察对话，则提示他们通过说出所需警察的姓名来进行口头选择。当然，如果呼叫者不满意所推荐的警察部队，英国101呼叫系统将重新定向到101所覆盖的该区域的其他警察部队。如果系统仍然无法确定合适的警察部队，则呼叫者将被转移到操作员处，由后者来确定合适的警察部队。

英国101不受理的范围包括：例如，犯罪正在进行中，附近有可能出现犯罪的人，有生命危险或面临使用或被威胁使用暴力的情况下，民众应该立即拨打999。关于所在地区的一般性问题，应该继续与当地地方议会联系，例如：卫生状况较差的动物、被遗弃的车辆、废弃物倾倒、小费支付以及破坏公共财产等[1]。

1 Police.UK, 101-The police non-emergency number[EB/OL].[2021-04-30]. https://web.archive.org/web/20170929075802/https://www.Police.uk/contact/101/.

2. 英国111的受理范围

用户通过英国 111 可以获得本地帮助服务；与护士、急诊牙医、药剂师或全科医生建立联系；如果需要，可以进行现场会面；如果用户需要去急诊室，可以给他们安排到达时间——帮助用户节约花费在急诊室的时间；被告知如何获得所需的任何药物、获得自我保健建议等。

英国 111 不接受处理的事务类别包括：有关政府卫生和社会护理政策的投诉；有关医院、全科医生行为和其他 NHS 服务的投诉；有关社会护理服务的投诉。

（四）主要特色

从当前的建设情况与服务水平来看，英国政务服务便民热线具有以下特点。

1. 注重个人隐私保护

从当前情况来看，英国政务服务便民热线非常强调对个人隐私的保护。比如，NHS 声明其用户与英国 111 的所有联系电话将被记录保存，并由 NHS 安全地存储，且此信息仅与用户的护理直接相关人共享，而不会用于其他目的，更不会将其与他人或机构共享。但也有研究其数据记录的文献提及[1]，并非所有的联系记录都能得到完

---

1 Egan M, Murar F, Lawrence J, et al. Original research: Identifying the predictors of avoidable emergency department attendance after contact with the NHS 111 phone service: analysis of 16.6 million calls to 111 in England in 2015–2017[J]. BMJ Open, 2020, 10(3).

整记录和保存。例如，第一次致电过后的短时间里的联系记录就不会被保存。

2. 协助用户确认是否需要非紧急服务

英国政务服务便民热线会在接通后，首先提示用户是否是紧急情况，并列出了属于紧急情况的问题清单，当用户根据清单自我判定不属于紧急情况后才会被导引去使用英国 101，否则，将被导引去致电 999[1]。

3. 规范服务流程

英国政务服务便民热线有较为规范的服务流程[2]。以英国 111 为例，首先，呼叫者拨打英国 111，由接线员接听；然后进行资料收集（从电话号码开始）；接着询问呼叫原因，以确定是否属于需要立即派出救护车提供服务的紧急状况。对于非紧急情况，则通过系统中的呼叫处理程序来评估是否从预设的 700 余项应答方案中选择一种方案，若属紧急情况，则将电话转接给临床医生接听。

4. 获得较高的社会评价

英国政务服务便民热线关注社会效益，并获得较高的社会评价。对试点地区的评估表明，民众对英国 111 的总体满意度较高。73%

---

1 NHS 111 Online, Services[EB/OL]. [2021−05−10].https://digital.nhs.uk/services/nhs-111-online.

2 NHS 111, Introduction to the service[EB/OL]. [2021−04−29].https://thurrockccg.nhs.uk/about-us/ccg-board-meetings/gb-board-papers/2015-archive/february-2015/1170-item-11i-information-introduction-to-nhs111-2/file.

（1255/1726）的调查对象表示对该服务非常满意。英国皇家儿科与儿童健康学院（Royal College of Pediatrics and Child Health）近几年对伦敦西北部 111 家服务机构进行了调查。结果发现，84% 拨打求助热线的人“得到了他们需要的帮助”；而 80% 的受访者表示，如果他们遇到同样的问题，他们会再次致电英国 111。

四、德国政务服务便民热线的兴起与发展

在德国，联邦、州和地方各级政府大约有 20000 个政府机构，提供服务和咨询的电话号码不计其数，但政务服务便民热线均不尽如人意。直至 2011 年，经过长达 5 年的筹备建设，德国才正式在全国 300 个城市开通 115 政务服务便民热线。

（一）总体发展情况

建立统一的政务服务便民热线 115 的想法起源于联邦总理安格拉·默克尔（Angela Merkel）于 2006 年 12 月举办的 IT 峰会[1]。2007 年，专家们开始选择试点区域，并起草了一份相应的草案。2008 年，由德国内政部、黑森州政府和专家组成的一个项目组起草了《2010 年 3 月纲要》，详细阐述了“115”项目的运行计划，并于 2008 年 9 月公布。2009 年 3 月，这个项目正式在德国的一些地区进行试点，并

1　Federal Ministry of the Interior, Building and Community.Where did the idea for 115 come from?[EB/OL].[2021-05-10].https://www.115.de/EN/About_115/FAQ/faq_node.html.

持续运行两年。115 政务服务便民热线由联邦政府牵头，各级政府（州和地方政府）共同参与建设而成，服务范围涵盖了联邦、州和地方各级政府机构。

115 政务服务便民热线的工作人员都经过专业培训，而且非常重视呼叫者的来电。这不仅增强了来电者对公共管理部门所提供的公共查询服务的满意度，也减少了政府管理部门的工作量，达到优化内部结构并提高管理效率的目的。通过建立统一的 115 政务服务便民热线，市民有需要时不用花费大量时间查找相关公共管理部门及其电话号码，而是通过直接拨打 115 政务服务便民热线求助。市民无需重复向不同公共管理部门提出相同的问题，减少了市民对公共服务部门的访问次数。

（二）功能定位

德国建立 115 政务服务便民热线的初衷是建立一个方便实用的“政府百事通”网络[1]，以便“更好为民服务”“提供最准确的政府服务信息”。115 政务服务便民热线的目标是：让呼叫者通过 115 服务中心的工作人员第一时间获得想要咨询的问题答案。如果 115 服务中心人员无法第一时间回答，会将其转交给其他相关部门，通过电话、电子邮件、传真等方式与呼叫者联系并提供相关回答。

1 Federal Ministry of the Interior, Building and Community.What is 115?[EB/OL].[2021-05-10]https://www.115.de/EN/About_115/What_is_115/what_is_115_node.html;jsessionid=17461248D1849AF720E7611B7BBA6833.2_cid350.

德国 115 政务服务便民热线的服务时间是周一至周五的 8:00—18:00，115 服务中心的工作人员将在 30 秒内接听 75% 的电话，服务全面，而且德国民众不论是用座机，还是用手机拨打 115 政务服务便民热线都是免费的。

（三）受理范围

115 政务服务便民热线项目包括联邦、州和地方各级政府机构三个层级，由各地现有的联邦、州和地方政府电话服务中心联接并形成网络。呼叫者在其中一个地区拨打 115 政务服务便民热线时，其电话将由当地 115 服务中心的人员接听。

除了那些需要通过专门程序才能获得帮助的问题，比如，涉及养老金批准的证书，或涉及个人隐私，或涉及商业秘密的问题，市民或企业通过致电 115 政务服务便民热线，可以获得与公共管理有关的最常见问题的答案。市民在办理涉及政府的事务时，无论是涉及缴纳费用、表格还是证件等事务，只要拨打 115 政务服务便民热线就会得到回答，或被转接到相关机构[1]。

115 政务服务便民热线非常注重残障人士的无障碍交流与参与，残障人士可以通过残障人士专用通道来获取 115 政务服务便民热线提供的相应服务。

---

1 Federal Ministry of the Interior, Building and Community. Which questions can be addressed to 115?[EB/OL].[2021-05-10].https://www.115.de/EN/About_115/Services_on_offer/services_on_offer_node.html

（四）主要特色

从当前的建设情况与服务水平来看，德国 115 政务服务便民热线具有以下六项特点[1]。

1. 全国范围内的统一联动

115 政务服务便民热线是联邦德意志共和国的项目，各级政府（联邦、州和地方政府）共同参与工作。其服务涵盖了联邦、州和地方各级政府机构。由于 80% 的问题涉及地方政府，因此这些问题也将由接入 115 政务服务便民热线网络的相应地方政府的电话服务中心来负责回答。115 服务中心基本能做到不用转接就能回答约 60% 的问题。如果接线员无法回答，可以通过网络和电话平台，直接与所有政府机构的工作人员联络，如税务局、环境署、教育局、水电部等部门的工作人员。115 政务服务便民热线甚至可直通总理府、联邦新闻局和内政部等最高联邦机构。

2. 注重规范化和标准化建设

作为全球服务标准化活动的领军者，德国擅长使用标准化手段提升社会管理和公共服务的质量与效能，也非常注重 115 政务服务便民热线标准化和规范化，通过制定实施统一标准，开展绩效评估等，保证了 115 政务服务便民热线的服务质量和水平。

1 Federal Ministry of the Interior, Building and Community. What are the advantages of 115?[EB/OL].[2021-05-10].https://www.115.de/EN/About_115/Advantages_of_115/advantages of 115 node.html.

3. 重视资源配置和系统整合

115 服务中心的每位接线员，背后都有庞大的政府网络系统的支撑。接线员能够通过网络和电话平台，直接与所有政府机构的工作人员联络。为更好地配置资源，德国现有的所有公共信息呼叫中心都被纳入 115 项目，从而实现整个公共服务系统的整合。

4. 知识库体系建设完备

为确保给呼叫者提出的问题提供统一的回答，联邦、州和地方各级政府向 115 政务服务便民热线的知识管理系统提供最常见的公共管理服务类的信息。因此，每个 115 服务中心都可以立即向知识库补充问题答案，并根据参与的公共管理部门提供的最新信息不断进行更新和扩展，实现资源共享。

5. 硬件设施和经费保障机制完善

115 政务服务便民热线是德意志联邦共和国牵头的项目。通过由联邦政府和各州共同出资，市政当局提供基础设施，为 115 政务服务便民热线提供基础设施和经费保障，保证了 115 政务服务便民热线的顺畅运行。

6. 重视一线接线人员的培训

115 政务服务便民热线将服务放在首位，而且 60% 左右的问题需要由服务中心接线员直接解答，所以德国非常注重一线接线人员的培训工作，定期对 115 服务中心的工作人员进行培训，将呼叫者视为客户，提供贴心的帮助。

第二篇
政务服务便民热线第三方评估的特点、意义与发展思路

独立的第三方评估对推进国家治理体系和治理能力现代化的作用逐渐加强。针对政府机构在履行职能效率的第三方评估，始于政府绩效评估。1979 年，英国政府对公共部门进行绩效考核的“雷纳评审”是第三方评估的经典之作。1993 年颁布的《政府绩效与结果法案》为美国政府第三方评估提供了法律依据。2021 年 1 月 6 日，《国务院办公厅关于进一步优化地方政务服务便民热线的指导意见》明确指出，要“健全 12345 热线社会监督机制，推动开展 12345 热线服务效能‘好差评’工作”。通过开展以学术机构为主导的政务服务便民热线第三方评估，对推进我国政务服务便民热线建设与服务水平的提升，具有深远意义。

一、政务服务便民热线第三方评估的定义与特点

（一）政务服务便民热线第三方评估的定义

第三方评估又称社会评估，是一种有别于政府内部评估的外部评估形式。作为多元化评估主体中外部评估中的一种重要形式，第三方评估在学术界受到了广泛的关注[1]。对于第三方评估，目前学者们仍有不同看法。较有代表性的观点主要包括以下几项。

第三方评估是指由政策制定者与执行者以外的人员进行的正式

1　段红梅.我国政府绩效第三方评估的研究[J].河南师范大学学报（哲学社会科学版），2009, 36(06):47−51.

评估，包括受行政机构委托的研究机构、专业评估组织、中介组织、舆论界、社会组织和公众特别是利益相关者等多种评估主体[1]。

第三方评估又称社会评估，主要包括公民个人、社会团体、社会舆论机构、中介评估机构等通过一定程序和途径，采取各种方式，直接或间接，正式或非正式地评估政府绩效。

第三方评估是指由与政府无隶属关系和利益关系的第三部门和民间机构所组织实施的评估政府及其部门绩效的活动[2]。

通过对第三方评估定义构成要素的分析，可以引申出政务服务便民热线第三方评估的基本内涵：公民个人、高等院校、民间智库、民意评价机构、社会舆论机构、中介评估机构等独立于政府部门的个人或组织，经过专业研讨和系统论证，制定科学的评估方案，借助合理的程序和途径采集评估数据，综合运用网络调研法、问卷调查法、随机抽样法、统计技术、电话拨测技术、大数据挖掘技术等方法与技术，对政务服务便民热线的建设水平与服务能力开展评估，最终形成客观公正、真实可靠的评估报告。

从这一定义的构成要素上来看，可以从以下三个方面进一步理解政务服务便民热线第三方评估的概念边界。

首先，从评估主体上来看。政务服务便民热线第三方评估是指由独立于政府及其部门之外的第三方所组织实施的评价[3]。第三方评

1 程样国, 李志. 刍议第三方政策评估对我国的启示[J]. 行政与法, 2006(3):30−31.

2 包国宪, 张志栋. 我国第三方政府绩效评价组织的自律实现问题探析[J]. 中国行政管理, 2008(1):49−51.

3 包国宪. 绩效评价：推动地方政府职能转变的科学工具——甘肃省政府绩效评价活动的实践与理论思考[J]. 中国行政管理, 2005(7):86−91.

估主体相对于政府部门是独立存在的。这些主体既可以是公民个人，也可以是高等院校、民间智库、民意评价机构、社会舆论机构和中介评估机构等组织。

其次，从评估对象上来看。政务服务便民热线第三方评估，重点是考察、评测政务服务便民热线的建设水平和服务能力，既有政务服务便民热线承建主体和管理机构为顺利开展政务服务便民热线服务而投入的各种资源，包括硬件资源、软件资源、制度规范、行业标准、人才队伍等；也包括政务服务便民热线的服务水平、沟通能力、接听礼仪，以及对政务服务便民热线的宣传推广能力等。

第三，从评估结果上来看。政务服务便民热线第三方评估通过网络调研、问卷调查法、随机抽样法、统计技术、电话拨测技术、大数据挖掘技术等方法与技术，对用于评估的基础数据进行多维度、全方位的收集，确保评估依据的准确、全面、及时和权威，有利于实现评估结果的公正、客观和可信。

（二）政务服务便民热线第三方评估的特点

结合政务服务便民热线第三方评估的概念内涵，可以概括其具有以下四个特点。

1. 独立性

无论是公民个人，还是组织机构，其言论与行为，都必须遵守国家法律法规和政策，践行职业道德，不得违背社会公序良俗。虽然在设立和运行上，政务服务便民热线第三方评估必须接受国家相关管理部门的监管，但其往往不是政府附属的机构或者派出机构，拥有相对的研究自由度和表达评估观点的独立性。政务服务便民热线第三方评估的运行经费主要来源于自筹，财务上的相对独立有利于保证政务服务便民热线评估结果较少受其他因素的干扰。

2. 客观性

评估立场的客观性直接影响到评估结果的客观性。相对独立于政府部门之外的政务服务便民热线第三方评估主体，立场更加客观。目前，多数政府部门启动了对政务服务便民热线的绩效考核，对提升政务服务便民热线整体服务能力有着积极的推动作用。但是，由于是“自己人评自己人”，这种评估难免存在偏失客观的风险。而完全由政府部门之外的第三方评估主体来开展政务服务便民热线的评估，虽然会存在评估数据获取方面的某些障碍或固有不足，却可以更好地避开利益相关人对评估工作的干扰。同时，从当前的实践来看，由第三方评估主体所开展的政务服务便民热线评估，被评估对象范围往往是全国覆盖。这种情况下，其评估结果的影响面更广。从可持续发展的角度看，客观上也使第三方评估主体必须确保评估工作的客观性。

3. 专业性

从理论研究层面上来看，随着评估学、评估学原理等方面的教材和学术论文的出版与发表，评估已发展成为一个专深的领域。

尽管如此，针对政务服务便民热线的评估，国内外的相关研究仍处于起步阶段，评估方法、评估指标、评估程序、评估数据等关乎评估结果可靠性的核心内容，虽然有涉及政府绩效评估方面的相关内容可供参考，但依然需要进一步研究。因此，政务服务便民热线的评估是一项具有专业性的工作。通常情况下，政务服务便民热线第三方评估机构的研究团队，必须具备政治学、社会学、心理学、管理学、统计学、计算机科学、行政管理、公共管理、政府管理和信息分析等众多领域的专业基础理论知识，还需要有实质性参与、组织、管理政务服务便民热线一线工作的经验，才能够科学地设计评估指标体系，做好权重分配，选择科学的评估工具和方法，提高评估结果的信度和效度，并能够从较为专业的视角，提出具有针对性与科学性的改进措施，最终帮助政务服务便民热线承建主体和主管部门在实践中不断提高政务服务便民热线的建设水平与服务能力。

4. 公正性

政务服务便民热线第三方评估主体独立于被评估对象，能够更好地确保公平和公正。比如，在设计评估指标时，将充分考虑指标的适应面，确保全部或尽可能多的被评估对象，在各个评估指标中均有不同程度的取值。以指标设置的可适用性满足评估的公平性，确保公正性。同时，政务服务便民热线第三方评估主体能够正确看待政务服务便民热线评估的价值，理解政务服务便民热线评估的重要性，对政务服务便民热线的评估结果有着强烈的责任感和使命感，对各级政府提供的政务服务便民热线在建设水平和服务能力方面，能够进行客观真实的判断和理性成熟的思考[1]。

二、政务服务便民热线第三方评估的意义与原则

（一）政务服务便民热线第三方评估的意义

第三方评估是政府内部评估的有益补充。从社会治理和服务效率的角度看，第三方评估最主要的特点在于其独立性，即评估过程公开透明，结果相对客观、公正[2]。对于政务服务便民热线第三方评估而言，其评估数据收集工作是由无利益牵连的第三方组织开展，确保了评估的独立性，其评估结果一般不带偏见，能够从机制上保证评估结果更客观和公正。概括起来，开展政务服务便民热线第三方评估，其意义有以下几方面。

1. 开展政务服务便民热线第三方评估是政府合法性的内在要求

公共利益是政府合法性的基本依据[3]。因此，政府的目标在于实

1 田鲁露. 加快发展第三方绩效评估，促进我国政府绩效评估科学化[N]. 经理日报，2009-06-2(07).

2 包国宪,董静,曹西安. 第三方评价政府绩效的理论与实践[A]. 中国行政管理学会.“构建和谐社会与深化行政管理体制改革”研讨会暨中国行政管理学会2007年年会论文集[C]. 中国行政管理学会, 2007:4.

3 金东日. 论提升政府绩效的根本途径[J].天津社会科学, 2005, (5):57-58, 123.

现公共利益[1]，政务服务便民热线是推动政府实现公共利益的重要手段之一。政治的合法性来自于社会大众的认同，而培养这种政治认同感需要公共利益的高效实现。依此理解，政务服务便民热线评估应以社会公众需要的满足程度为第一评估标准。在这种情况下，公民个人、高等院校、民间智库、民意评价机构、社会舆论机构、中介评估机构等作为第三方，参与到政务服务便民热线评估中，能够增强政务服务便民热线评估的真实性和有效性，是对政务服务便民热线评估体系的一种有益补充。政府相关部门结合第三方评估主体发布的评估报告，查出问题，改正错误，弥补不足，高效推动公共利益的实现与获得，可以更好地增强自身的合法性，获得社会民众的支持。

2. 推进政务服务便民热线建设与服务理念的更新

政务服务便民热线第三方评估是多元治理理念在政务服务便民热线实践中的应用和体现。政务服务便民热线第三方评估的引入，将在很大程度上增强政务服务便民热线承建主体和管理部门的责任心和使命感，使其能够站在企业、民众的角度，从企业、民众的实际需求出发，对企业、民众高度负责。因此，政务服务便民热线第三方评估的存在与发展，可以帮助政务服务便民热线的承建主体和管理部门清晰明确、动态更新政务服务便民热线的发展理念和责任方向，最终促进政务服务便民热线建设与服务的质量提升。

1　陆明远. 政府绩效评估中的第三方参与问题研究[J]. 生产力研究, 2008, (15):121–155.

3. 政务服务便民热线第三方评估是一项必不可少的监督手段

目前，已有多家政府部门将政务服务便民热线的建设与服务成效，作为一项重要的考核指标，纳入政府部门的绩效考核体系中。虽然政府部门对政务服务便民热线的自我评估有权威性、规范性、约束性较强的优势，但是政府对政务服务便民热线的自我评估也会存在一定的缺陷。原因在于，评估权是一种重要的权力。哪一部门获得评估权及是否公正行使该权力，对评估结果有着直接的影响。为避免评估权的不正当使用而使政务服务便民热线的评估结果失真，需要引入政务服务便民热线第三方评估作为“第三只眼”，有效弥补政府“运动员”和“裁判员”的双重身份，使其难免存在为维护甚至美化自身形象而不客观地揭示政务服务便民热线评估结果这一缺陷[1]。通过更为客观的政务服务便民热线第三方评估结果，有效监督政务服务便民热线承建主体和主管部门的工作开展情况，提升企业民众对政务服务便民热线的感知度、认可度和满意度。

4. 政务服务便民热线第三方评估是提升政务公开水平的重要驱动力

政务公开是行政机关全面推进决策、执行、管理、服务、结果全过程公开的一项重要举措。政务服务便民热线评估第三方评估主体只有掌握了大量丰富的政务服务便民热线信息和数据后，才能确

1　陆明远. 政府绩效评估中的第三方参与问题研究[J] .生产力研究, 2008(15): 121–155 .

定最终的评估方案，开展评估工作，给出评估结果。比如，当前已有部分政府部门，定期发布政务服务便民热线运行报告，包括通过新闻发布会、政务服务便民热线专门网站等对外发布政务服务便民热线的建设与运行数据。这为开展政务服务便民热线第三方评估提供了较好的前提条件。因为有了更为全面、准确、及时、权威的评估数据，确保了政务服务便民热线第三方评估结果的真实性、结论的可信性，第三方评估主体就能够将评估中发现的问题，更有说服力地反馈给相关的政府部门，使政府部门发现存在的问题，从而帮助其提升执政能力和治理水平，最终提升民众对政府的满意度。而随着政务服务便民热线第三方评估的影响力不断扩大，为了获得更为可靠的评估结果，政府部门将会更加主动、及时、全面、准确地向政务服务便民热线第三方评估主体，提供涉及政务服务便民热线的建设与运行的政务数据，提升政务公开水平，进而有力地促进政务服务便民热线第三方评估可信度的提升。

（二）政务服务便民热线第三方评估的原则

评估原则是第三方评估工作的指导思想和工作底线。为了使政务服务便民热线第三方评估发挥其真正的功能，体现其存在的意义与价值，政务服务便民热线第三方评估主体在评估工作开展的过程中，必须坚守以下七项原则。

1. 政策导向原则

政务服务便民热线服务能力的第三方评估，出发点与落脚点在于以评促建、以评促升。通过评估，借助优秀的示范，见贤思齐，以点带面，全面提升我国政务服务便民热线的整体建设水平与服务能力。为此，在评估指标乃至评估方案的设计上，必须紧密结合国家有关政务服务便民热线的最新指导政策，与国家最新指导政策的指示精神与内容要点保持一致。比如，在今后一定时期内所开展的政务服务便民热线服务能力第三方评估，在评估方案的设计和评估结论方面，必须全面遵循2021年1月出台的《国务院办公厅关于进一步优化地方政务服务便民热线的指导意见》，融汇其指示精神与发展导向。

2. 公开、公平、公正原则

政务服务便民热线服务能力的第三方评估需要借助相关的媒体或渠道，及时、全面地公开评估流程、评估指标、评估方法和评估结果等信息。针对不同行政层级政务服务便民热线的建设定位与责任范围，有所区别地构建评估指标；而对处于相同行政层级的政务服务便民热线，也要考虑指标的整体适应性，对过于超越当前发展阶段或多数被评估对象取值为零的指标，要敢于舍弃，确保指标采用的公平性。在评估数据的采集、评估指标赋值的过程中，要建立合理的质量管控机制，确保参评专家的立场公正，评估过程的程序公正，评估结果的客观公正。

3. 共性与个性相结合原则

在考虑对政务服务便民热线的共性要求的基础上，兼顾不同行政级别的政务服务便民热线的特色，合理设置评估指标体系，制定科学的评估方案并有效实施，使评估活动能够准确评估各级政务服务便民热线的建设与服务的真实情况。比如，根据职能定位，国务院有关部门设立的政务服务便民热线通常不与水电气市政服务电话和110、119、120、122等紧急热线进行互连互通，因此，针对国务院有关部门设立的政务服务便民热线的评估指标，与针对地方政府所设立的政务服务便民热线的评估指标，在内容设置和权重分配上就应该有所区别。

4. 定量与定性相结合的原则

政务服务便民热线服务能力的第三方评估，其结果应能够实现“好差评”的效果。而无论是以数值描述，还是以等级刻画，都应该有定量评估作为核心，辅以必要的定性分析作为支撑。评估过程中，需要尽量采用较为客观的定量方法进行分析和判断。而对于难以量化的评估指标，也应该事先通过征集专家意见，在充分研讨的基础上，形成能够反映不同程度或范围的定性描述，并据此制定与定性描述相适应的评估量表和赋值规则，以便通过评估赋值来区分不同被评估对象在各个评估指标的不同程度或范围。

5. 可靠性原则

目前，政务公开已有相关法律法规和国家政策对之加以引导、规范，相关政府部门也通过政府门户网站、微信微博等，对政务信息予以公开。这在很大程度上方便了政务公开的第三方评估。但是，与政务公开的第三方评估有所不同，虽然有关政务服务便民热线的建设与运行的政务数据也应属于政务公开的范畴，但由于政务服务便民热线是一项面向企业、民众个人的交互性强、过程性强、隐私性强的服务活动，其内容可能涉及个人隐私、企业不希望对外公开的经营管理信息。因此，从目前有关政府部门对政务服务便民热线所公开的数据特点来看，多属于统计性数据，且因为缺乏政务服务便民热线数据公开的专门政策进行约束、指引，不同政府部门所公布的政务服务便民热线统计数据，描述维度的差异性极大。在此情况下，在政务服务便民热线的第三方评估中，仅靠政府部门所公开的数据，尚不足以对政务服务便民热线进行完整的考察和全面的评估。而关于政务服务便民热线人工坐席的电话接听基本礼仪、电话接听沟通能力、电话接听业务能力等方面的评估，往往需要政务服务便民热线的第三方评估主体，通过设计合理的特定话题，以电话拨测的方式来收集一手的评估数据。为确保评估结果发布后，第三方评估主体能够有理有据地应对被评估对象的相关质询，需要对电话拨测进行全程留痕。同时，为确保评估结果的可靠性，也需要对通过其他渠道采集的评估数据，及时取证保存。比如，由于存在内容更改（content drift）和链接失效（link rot）等引用失效（reference rot）的风险，通过网络调研获得的评估资料或数据，需要及时进行全面的截图，以固定评估证据。可以说，实现评估数据的可溯源与可反复查证，是确保政务服务便民热线评估结果可靠性的重要手段。此外，在评估体系和评估方法的可靠性方面，第三方评估主体需要确保对所有评估指标的内涵进行严谨界定，避免歧义，为评估指标赋值的原则与方法制定提供有力支持。评估体系的可靠也将有利于评估方法的可靠。评估方法中的可靠，关键是要构建合理的机制，确保参与评估的专家，在专业知识的掌握、指标内涵的领会、工作态度的端正等方面实现可信可靠。

6. 规范性原则

确保政务服务便民热线第三方评估的评估结果能够为政府部门所接受与采纳，能够被社会民众所认可和赞同，需要第三方评估主体始终坚持规范性的原则。比如，通过召开由政务服务便民热线的研究学者、政务服务便民热线的一线工作人员和管理人员所组成的专家研讨会，广泛征集各方对第三方评估的意见和建议，确保评估指标的贴切性、完整性和层次性，具体包括：评估指标的基本边界（指标具体指的是什么）、评估指标对应的数据（用什么数值来描述指标）、评估指标对应的数据如何采集（数据包括客观数据和主观数据。如果是主观生成的数据，还要说明生成规则）、评估指标的针对性（评估指标与评估问题的相关性，即专业性或正确性）、评估指标的完整性（最相关的指标是否都已涵盖）、评估指标的层次性（分几层、上下层的关系是否正确、同一层的不同指标是否相互独立或排斥）、同一层级中各评估指标的权重分配规则等。在此基础上，制定合理的第三方评估方案。确保政务服务便民热线第三方评估方案制定和实施的规范，是确保政务服务便民热线第三方评估规范性的核心内容。

7. 专业性原则

专业性原则关乎评估指标的专指性和评估方法的领域性，是确保政务服务便民热线第三方评估的专业水准的前提。政务服务便民热线高质量服务的实现，需要政务服务便民热线承建主体和管理部门，在硬件资源、软件资源、人力资源、制度规范等方面的全力投入与综合支持。为此，政务服务便民热线第三方评估主体，需要精心设计评估范围与评估依据，确保其全面性与综合性。比如，在软件资源方面，可以评估的角度涉及政务服务便民热线服务管理信息系统的前台界面、后台功能、稳定性、有效性、统计性、可视化功能和智能性。其中，前台界面可评估的角度包括：系统界面布局的合理性、统一性和美观性；来电者信息的全面性（包括来电者的历史性信息）、可用性、实时性；文本高效录入的辅助功能（包括文字输入提示功能、语音自动转文本）；检索功能的稳定性与高效性；对受理、派单、办理、答复、督办、办结、回访、评价等环节的有效支持性；字段的准确性、完备性与合理性，对后期分析挖掘的支持度；字段取值的规范性（取值数量、取值来源与依据）与便捷性（支持下拉选择、文字输入提示）；来电录音保存的可获得性。而后台功能可评估的角度包括：支持多种导出格式；支持自选字段导出；与具有业务合作的其他系统的集成性与兼容性；访问权限设置的合理性、安全性；数据同步备份的实时性、安全性等。稳定性可评估的角度包括：系统异常次数，即评估期间系统出现的服务请求错误，无法接通的次数；系统异常率，即评估异常次数 / 评估总次数；系统容火容灾的能力。有效性可评估的角度包括：全年有效的服务天数、全天有效的服务时长。统计性可评估的角度包括：使用的数据统计模型、分析模型的正确性，得出分析结果的正确性；提供具有数据统计、数据分析等功能的工具插件服务情况。可视化功能可评估的角度包括：可视化形式多样性、可视化展示方式的适当性、版面展示效果情况；可视化的准确性、直观性和可解读性。智能性可评估的角度包括：推荐性，即依据用户身份、所反映问题的性质，包括咨询、投诉、求助、建议、举报等，给人工坐席提供个性化的辅助服务提示与推荐；知识性，即从显性或者隐性信息中提炼出的结论所具有的知识性；决策支持，通过所记录工单主要内容进行分类、提取、关联、分析挖掘等，提供多种形式有价值的决策支持服务。针对这些评估指标的量化规则制定，若缺乏相应的计算机专业知识，将导致指标赋值的不合理或难以操作。同样，依据电话拨测获得的录音数据进行指标赋值时，若第三方评估的研究团队缺乏政务服务便民热线服务的管理经验或研究经历，也会让赋值规则和赋值结果失去可信度。可以说，由于政务服务便民热线服务涉及计算机、信息分析、公共管理、行政管理和政府管理等领域知识，因此，政务服务便民热线服务第三方评估研究团队在这些领域的知识背景、业务经历和研究积累，是确保政务服务便民热线服务第三方评估具有专业性的保障。

三、培育与发展政务服务便民热线第三方评估的主要思路

（一）国外培育与发展第三方评估的先进经验

发达国家在第三方评估方面起步较早。经过多年的实践探索，

美国、英国、澳大利亚、新西兰、日本和加拿大等国家都已经初步形成了适合本国国情的第三方评估体系和制度规范。当前，已有相关学者全面梳理了第三方评估的国外经验，对培育和发展我国政务服务便民热线第三方评估具有积极的参考和借鉴价值。其中，吴佳惠、王佳鑫和林誉等学者所总结的国外第三方评估发展经验最具代表性。具体来说，包括以下六个方面[1]。

1. 政府鼓励第三方评估

这类的典型代表是英国。包括撒切尔夫人时代的“雷纳评审”计划，梅杰首相的“公民宪章运动”“竞争求质量”“政府现代化”等运动，布莱尔政府成立的公民评审小组追求“服务第一”等涉及政府的第三方评估，均与政府的大力支持和积极推动密切相关。

2. 培育和发展独立专业的评估机构

这类的典型代表是美国。美国的第三方评估机构依据资金来源和组成人员可以区分为三类：第一类为公益性的非政府组织，如哈佛大学政府管理学院、锡拉丘兹大学麦克斯韦尔公民与公共事务学院、坎贝尔研究院，资金来源于基金会、个人捐款或者受政府委托时的政府拨款；第二类为市场中的专业评估组织，如兰德公司、麦肯锡公司；第三类为依法成立且独立于政府的组织，如总审计署、公共行政研究院、政府会计准则委员会等。这些独立的专业评估机构的存在，确保了第三方评估结果的科学性和权威性。

1 吴佳惠, 王佳鑫, 林誉. 论作为政府治理工具的第三方评估[J]. 中共福建省委党校学报, 2015(06):17–22.

3. 重视评估结果的应用

第三方评估结果通常能够得到政府的重视，并在政府治理中得到体现。第一，绩效奖惩。对评估绩效优秀的部门，会给予物质奖励，对表现低劣者进行惩罚。第二，绩效与预算挂钩。如果评估绩效好，相关部门在管理过程中享受的自主权就大，预算拨款和资金使用给予更大更多的灵活性。第三，诊断与指导，也称“3D”模式，即诊断（diagnosis）、发展（development）、设计（design），评估发现问题后提出解决的方案或建议。

4. 确保评估的规范化与法制化

法制建设是美国、英国、新西兰等国家第三方评估的一项重要内容。1988 年新西兰颁布的《国家部门法》为公共部门引入第三方评估建立了法律基础。1993 年颁布的《政府绩效与结果法案》为美国政府第三方评估提供了法律依据。

5. 聚焦公众满意度

公民满意与否是第三方评估极为重要的评估内容，不论是美国的“顾客服务标准”运动，还是英国的“服务第一”运动、澳大利亚的“服务宪章”运动、新西兰的“行政文化重整”运动，都关注“公众满意度”。

6. 寻求与新闻媒体的合作，大力宣传报道第三方评估结果

美国英格拉姆教授主持的政府绩效项目是第三方评估与新闻媒体合作、大力宣传报道评估结果的经典之作。在其发布第一份评估

结果时，英格拉姆教授即通过新闻发布会、电视新闻广播、《今日美国》节目等一系列的媒体宣传，成功地吸引美国社会对评估报告的关注，为其后续开展的第三方评估在政府支持和配合方面创建了较为有利的条件。

（二）我国培育与发展政务服务便民热线第三方评估的主要思路

政务服务便民热线第三方评估，通常会以评估等级或评估赋值的方式反映“好差评”的评估结果。其重要意义在于监督政务服务便民热线的建设与服务效果，帮助促进政务服务便民热线的理念更新与发展完善。本质上，第三方评估结果是对政务服务便民热线承建主体和主管部门的一种积极肯定或者善意批评。面对肯定，作为“被谏者”的政务服务便民热线承建主体和主管部门自会欣然接受；但是，面对阶段性表现欠佳或是批评性“忠言”，有时则会令“被谏者”觉得“愤然”或“逆耳”。如何让作为“进谏者”的第三方评估主体的善言和批评，发展成为“被谏者”的善行，是实现政务服务便民热线第三方评估以评促建、以评促改和以评促升的关键。可以说，“被谏者”对待善言的态度与行为，国家对有利于“进谏者”生存与发展的环境营造，新闻媒体对“被谏者”的支持与肯定，都将直接影响到“被谏者”能否或愿意持续发声。为此，培育与发展政务服务便民热线第三方评估，需要从国家层面、被评估者、第三方评估主体和新闻媒体等角度综合考虑，各方需目标相向，齐心发力。

1. 国家层面

（1）营造有利于政务服务便民热线第三方评估的发展环境

实施政务服务便民热线第三方评估必须为第三方评估机构的生存和发展创造良好的发展环境[1]。目前，我国的政务服务便民热线第三方评估，已有包括公司企业、学术机构、出版媒体等相关主体组织开展。但无论是从评估主体的多元化、评估报告的影响力、评估结果被认可和采纳的效果等来看，依然还有很长的一段路要走。2021 年 1 月《国务院办公厅关于进一步优化地方政务服务便民热线的指导意见》提出的“ 健全 12345 热线社会监督机制，推动开展 12345 热线服务效能‘ 好差评’工作”，是国家对政务服务便民热线第三方评估的统一部署，也是政务服务便民热线第三方评估主体获得评估合规性的重要依据。其对营造良好的政务服务便民热线第三方评估发展环境具有里程碑意义。但是，仅靠一份政策文件及文件中的一段概要式表达，依然不足以满足培育和发展政务服务便民热线第三方评估的环境需求。需要形成支持政务服务便民热线第三方评估的政策体系，需要有适用于政务服务便民热线第三方评估的专项规定，需要综合采取多项举措引导多方责任主体，包括新闻媒体对政务服务便民热线第三方评估给予充分重视、广泛认可、积极配合，才能营造培育和发展政务服务便民热线第三方评估的有利发展环境。

（2）建立健全政务服务便民热线第三方评估的制度规范体系

政务服务便民热线第三方评估的独立性是确保第三方评估结果

1　徐双敏，陈尉．“第三方”评估政府绩效的制度环境分析[J]．学习与实践，2013(9):22–27.

公正客观、真实可信的关键。如果第三方评估的开展受到个别领导的意志影响，那么其评估结果将很有可能失去公正性和严谨性。为此，必须通过法制化手段，建立健全政务服务便民热线第三方评估的制度规范体系，对政务服务便民热线第三方评估的地位与身份、评估流程与评估依据、评估过程中与其他评估主体的关系以及作为被评估对象的政务服务便民热线承建主体和主管部门对第三方评估工作的协作与配合等方面，加以全面、明确和充分的规定。

政务服务便民热线第三方评估是一个复杂的、长期的、持续改进的过程，当前的第三方评估实践探索还有待深入。为此，更有必要将政务服务便民热线第三方评估上升到制度层面，从制度上规范政务服务便民热线第三方评估的内容范畴和评估流程。

首先，就第三方评估的内容范畴的规范化而言，制度制定者需要充分考虑政府部门产出的特殊性和目标多重性及其之间的差异性，结合不同政府部门、不同行业领域、不同地理区域的特点，提出指导第三方评估主体如何构建适用性强的政务服务便民热线评估指标体系的基本思路和工作原则。

其次，就第三方评估的评估流程的规范化来说，应设置政务服务便民热线第三方评估中需要遵循的若干关键性的基本程序，包括制定政务服务便民热线第三方评估计划，构建政务服务便民热线第三方评估指标体系，并就收集政务服务便民热线的评估信息与数据，选择政务服务便民热线的评估方法，撰写政务服务便民热线的评估报告，宣传与报道政务服务便民热线评估结果，反馈和应用政务服务便民热线评估结果等方面，从国家层面加以规范化引导，确保政务服务便民热线第三方评估的全过程规范，最终保证政务服务便民热线第三方评估结果的公正和可信[1]。

（3）建构政务服务便民热线第三方评估的信息平台提升评估数据的可获得性

政府信息及时全面的透明公开是对政府开展第三方评估的先决条件。同样，政务服务便民热线承建主体和主管部门对政务服务便民热线建设与运行数据及时、全面公开，是提升评估数据的可获得性，实现政务服务便民热线第三方评估的关键。从更为系统的角度考虑，政务服务便民热线第三方评估的评估数据，涉及但不局限于：①国家有关政务服务便民热线的政策文件、规章制度、标准规范；②政务服务便民热线的建设或服务任务书；③相关规划或管理文件，如政务服务便民热线的建设指南、总体实施方案、管理办法、业务指南、升级改造方案等文件；④政务服务便民热线承建主体或主管部门对外发布的年度总结材料，以及经脱密处理后的政务服务便民热线的定期性专报，包括上交给相关的政府决策部门的政务服务便民热线周报、月报、季报、半年报告、年度报告等；⑤各政务服务便民热线的实际建设与服务的信息或数据，包括政务服务便民热线运营单位通过政务服务便民热线专用网站、手机应用程序、微信小程序、微信公众号、微博，政务服务大厅和网上办事平台等媒介或平台对外发布的各类信息以及政务服务便民热线的硬件资源、软件资源、人力资源和制度规范；⑥第三方评估通过盲打拨测采集的政务服务便民

1　吴佳惠,王佳鑫,林誉.论作为政府治理工具的第三方评估[J].中共福建省委党校学报,2015(06):17-22.

热线对外服务的一手数据；⑦通过对社会民众进行问卷调查和社会访谈采集到的有关其对政务服务便民热线的服务评价数据等。

在前述这些用于政务服务便民热线第三方评估的信息或数据中，除了可能涉及民众不愿意对外公开的个人信息、企业不希望对外公开的经营管理信息、涉及国家安全和社会稳定的信息，以及依照国家政策法律规定不宜对外公开的内容，国家主导所建构的支持政务服务便民热线第三方评估的信息平台，可以将之悉数予以收集，进行统一的访问认证，集中的描述、组织和存储，实现一站式检索与下载，方便政务服务便民热线第三方评估主体获取评估数据。同时，也可以开通相应的功能模块，促进不同第三方评估主体之间的信息交流与共享[1]。

从我国目前的现状来看，政府信息公开并不能满足社会的需要，信息不对称导致第三方评估缺乏全面、真实的数据。这种情况在政务服务便民热线第三方评估实践中同样存在。按照《中华人民共和国政府信息公开条例》的要求，政府部门应始终贯彻以信息公开为原则，不公开为例外的宗旨，全力支持建构政务服务便民热线第三方评估的信息平台，最大限度地避免涉及政务服务便民热线的信息或数据出现封闭和缺失的情形，以确保第三方评估主体能够获得真实、详尽的评估信息和数据。实现这种信息或数据的高效获取，将非常有利于第三方评估主体开展更加及时、客观和科学的评估。同时，要促使第三方评估主体建立一种有效的政务服务便民热线数据获取结果的反馈机制。通过将信息或数据获得的情况及这些信息或

1 Osborn, D and Gaebler, T. Reinventing Government: How Entrepreneurial Spirit Is Transforming the Public Sector From the Schoolhouse to Statehouse[M]. Mass: Addison-Wesley, 1992.

数据对第三方评估结果的支持程度，以书面形式及时反馈给相关的政务服务便民热线承建主体和主管部门，为其后续提升政务服务便民热线信息或数据的公开质量提供参考，进而更好地提升政务服务便民热线第三方评估对评估数据的可获得性。

2. 被评估者

（1）转变观念，理性对待第三方评估

对被评估对象而言，在培育与发展政务服务便民热线第三方评估方面，其首要举措即是转变观念，以开放发展、兼容并包和求同存异的心态，理性对待政务服务便民热线第三方评估的行为与结果[1]。只有从观念上认识到政务服务便民热线第三方评估对政务服务便民热线建设与服务的提升作用，才能为政务服务便民热线第三方评估提供生存的土壤。对于政务服务便民热线承建主体和主管部门，必须认识到传统的管理手段和政府内部的自我评估无法科学地诊断政务服务便民热线的建设与运行情况[2]，要克服以往工作中“只唯上不唯下”的观念，树立公共服务理念，充分意识到引入政务服务便民热线第三方评估的必要性和可行性，把政务服务便民热线第三方评估作为内部评估之外的重要补充形式，重视政务服务便民热线第三方评估，不是盲目抵触、一味否定或完全忽视第三方评估。针对第三方评估结果，对取得的成绩，要总结经验，广为宣传；对暂时存在的不足与缺陷，

1　段红梅. 我国政府绩效第三方评估的研究[J]. 河南师范大学学报（哲学社会科学版），2009(06):47–51.

2　徐双敏，陈尉．“第三方”评估政府绩效的制度环境分析[J]．学习与实践，2013(9):22–27.

也要敢于正视。从观念和行动上，做到允许第三方发声，鼓励第三方发声，接纳第三方发声，认可第三方发声，践行第三方发声。

（2）建立政务服务便民热线第三方评估的反馈体系

政务服务便民热线第三方评估的反馈体系由以下三个模块构成：①分析政务服务便民热线的整体发展现状与主要特点；②剖析政务服务便民热线当前存在的突出问题及其形成原因；③探讨促进政务服务便民热线建设与服务水平提升的改进措施、解决办法和发展建议。通过政务服务便民热线的第三方评估，推动在政府部门与社会民众之间，构筑一个由“公民社会进行评估——找出政府服务于公民需求之间的差距——政府做出改变缩小差距——公民社会进行再评估”的政民互动系统[1]。政务服务便民热线承建主体和主管部门一方面以科学严谨、客观公正、真实可靠的政务服务便民热线第三方评估报告作为改进与发展依据，另一方面，也需要不断加强与政务服务便民热线第三方评估主体的互动与交流，将政务服务便民热线第三方评估存在的不足和改进思路及时反馈给第三方评估主体，实现合作双赢。

（3）重于落实，将第三方评估转化为建设与服务提升的动力

政务服务便民热线第三方评估不是最终的目的，而是提升我国政务服务便民热线整体建设水平与服务能力的重要手段之一。因此，政务服务便民热线第三方评估结果的落实至为重要。政务服务便民热线的承建主体和主管部门将第三方评估结果加以践行，是实现政务服务便民热线第三方评估价值最大化的根本。如果对政务服务便

1　徐双敏，陈尉．“第三方”评估政府绩效的制度环境分析[J]．学习与实践，2013(9):22–27.

民热线第三方评估结果应用的重视程度不够，对政务服务便民热线第三方评估报告提出的改进措施不予实行，政务服务便民热线第三方评估就会失去应有的价值。因此，有必要将政务服务便民热线第三方评估结果，与政务服务便民热线的承建主体和主管部门的财政预算、人事安排、组织建设和行政问责等相结合，建立完善的奖惩激励机制，将政务服务便民热线第三方评估结果作为行政问责的依据之一，对执行不力、违规行为要限期整改，并依据有关规定追究相关责任人的责任，从而敦促政务服务便民热线的承建主体和主管部门认真对待第三方评估结果，并加以改进，自觉主动地把第三方评估结果应用于政务服务便民热线的业务实践中。

3. 第三方评估主体

（1）政务服务便民热线第三方评估主体要克服评估的心理障碍

对政务服务便民热线第三方评估主体而言，由于受到传统思想的影响，很多政务服务便民热线第三方评估主体对“民考官”产生心理障碍，在第三方评估中往往报喜不报忧，淡化或回避评估中发现的问题，导致评估结果不真实、不客观，无法真正体现监督功能，偏离第三方评估的价值定位。对此，有关政府部门应该主动鼓励政务服务便民热线第三方评估主体克服心理障碍，从客观事实出发，坚定政务服务便民热线第三方的价值与意义。政务服务便民热线第三方评估的组织者还要采取多项举措，充分调动政务服务便民热线第三方评估一线工作人员的积极性，使一线评估人员有工作成就感和使命感，认真、细致地完成政务服务便民热线第三方评估的每一项工作。

(2) 严格评估工作，确保第三方评估的专业性，维护自身的公信力

严格政务服务便民热线第三方评估工作，坚守政务服务便民热线第三方评估的专业性，才能更好地维护政务服务便民热线第三方评估的公信力。政务服务便民热线第三方评估，要确保评估依据的全面性，评估原始数据的可反复查证性。特别是，针对第三方评估结果公布后，若有个别被评估对象对结果提出质疑时，能够提供该评估对象所有参评数据和评估过程的全链条记录，确保做到经得起查证。同时，政务服务便民热线第三方评估主体要确保评估赋值标准、评估专家选择、评估程序和评估方法等的全面合理性。确保评估依据的全面性是严格评估工作的关键。在当前的政务服务便民热线第三方评估实践中，有的第三方评估主体仅采用用户关于政务服务便民热线的评价留言作为全部评估依据，这样的评估依据显然存在较大的片面性；有的第三方评估主体则通过对政务服务便民热线承建主体和主管部门发放调查问卷的形式来收集一手数据，并以此作为第三方评估的全部依据，这同样存在被评估者不能如实反映自身问题的失真风险。此外，有的第三方评估主体则不公布评估指标，只是简单说明评估维度的做法，也难以让政府部门或社会民众对其评估方案的科学性加以查证，从而影响其评估结论的可靠性。更有甚者，有的第三方评估主体并没有做好认真全面的调研，误将一些并不存在的政务服务便民热线，也纳入到评估结果中。这些做法，都会给政务服务便民热线第三方评估造成极其不利的影响。事实上，一次小小的评估失误，可能会使第三方评估主体花费很长的时间、很大的精力去重建自身的公信力。第三方评估主体获得公信力是一个逐

渐被政府部门、社会民众认可的过程。因此，坚持评估的专业性，精心组织与投入，以严谨的评估报告来创建、维护和增强自身的公信力，始终是政务服务便民热线第三方评估主要需要坚守的原则底线。

（3）妥善处理与被评估对象的关系，保持独立性

政务服务便民热线第三方评估主体始终坚持评估的独立性，是维护自身公信力的重要举措。独立性是政务服务便民热线第三方评估主体发挥其民间评估功能的前提条件，可以通过两个途径保障政务服务便民热线第三方评估机构的独立性[1]：一是组织及人员方面的独立性，第三方评估机构与政府部门不存在行政上的隶属和层级关系，第三方评估机构应该有独立的人事权。当然，第三方评估机构也可以聘请政府部门相关人员担任顾问，为评估工作出谋划策，确保评估指标设计的合理性和评估建议的可行性，但最终的内容组织与观点表达，依然由第三方评估主体独立决定；二是经济方面的独立性，第三方评估机构可以是个人、研究团队，也可以是独立法人，但其经费不能够直接或间接来自某一被评估对象。评估队伍和评估经费的独立，是确保政务服务便民热线第三方评估独立的重要前提。对于一些被评估对象希望通过各种方式影响政务服务便民热线第三方评估主体独立性的做法，要有所防范和抵制。

（4）推动政务服务便民热线第三方评估理论研究的发展

理论研究来源于实践，反过来又指导实践的发展。政务服务便民热线第三方评估是一项专业性很强、技术性含量较高的工作。目前，国内外学者有关政府绩效评估理论、评估方法和评估技术的研究相对

1 包国宪,张志栋.我国第三方政府绩效评价组织的自律实现问题探析[J].中国行政管理,2008(1):49-51.

较多，而专门针对政务服务便民热线第三方评估的基础理论、评估方法和评估技术的研究却相对较少。作为从事政务服务便民热线一线评估的行为主体，政务服务便民热线第三方评估主体应大力推动政务服务便民热线第三方评估的理论研究、原理探讨和技术分析，研究主题包括但可不局限于：①国外政务服务便民热线的发展现状及其特点；②政务服务便民热线第三方评估的专家选择规则、评估指标体系设计、评估依据与评估内容的确定、评估数据的采集与清理、基于政务服务便民热线第三方评估结果的决策咨询研究、政务服务便民热线管理制度建设、政务服务便民热线技术体系等。通过对这些主题领域的深入研究，一方面为政务服务便民热线第三方评估提供理论指导；另一方面也可在一定程度上为政务服务便民热线的业务发展指明方向。

4.新闻媒体

（1）积极宣传与报道政务服务便民热线第三方评估结果

对于政府部门而言，要提升其对政务服务便民热线第三方评估的正确认识，较为关键的措施是新闻媒体加大对第三方评估结果的宣传推广，切实提高政府部门对第三方评估工作及其价值的认知与接纳。当前，随着社交媒体的迅速发展，虽然政务服务便民热线第三方评估主体可以通过自身的信息平台，如建立网站、开通微博、开设微信公众号等公布评估结果，并及时进行宣传推广，但由于受众范围有限，与专业的新闻媒体相比，其宣传推广效果有限。因此，新闻媒体从业者应具有高度的社会责任感和媒体人的使命感，主动地宣传、报道政务服务便民热线第三方评估结果，引导政府部门、社会民众给予关注，给政务服务便民热线承建主体和主管部门形成舆论环境，推动其对政务服务便民热线第三方评估结果的关注与重视。

（2）加强与政务服务便民热线第三方评估主体的合作

新闻媒体于政务服务便民热线第三方评估主体而言，具有宣传推广第三方评估结果、树立第三方评估主体的公信力、引导政务服务便民热线承建单位和主管部门关注政务服务便民热线第三方评估结果的价值。而对于经过严密论证，坚持独立性和专业性的第三方评估主体所推出的政务服务便民热线第三方评估报告，理论上也可以为新闻媒体创建热点话题，打造访问流量。可以说，两者具有实现双赢的合作基础。因此，新闻媒体应放低姿态，积极响应政务服务便民热线第三方评估主体的合作意向和需求，共同推动政务服务便民热线建设水平与服务能力的整体性提升。

（3）有效监督与持续关注，促进政务服务便民热线建设水平与服务能力的不断发展

从当前的实践来看，多数政府部门相当关注新闻媒体对自身的报道。基于这一前提，新闻媒体需要勇担重任，在积极主动报道政务服务便民热线第三方评估结果的同时，持续关注政务服务便民热线承建单位和主管部门是否根据第三方评估结果，进行实质性响应，并做好落实改进。同时，对改进落实效果较好的被评估对象，要进行及时报道，宣传成功经验，以点带面，创建政务服务便民热线领域“你超我赶、竞比争先”的良性竞争氛围，让社会民众能够从政务服务便民热线建设水平与服务能力提升中不断得到实惠，不断增强人民群众的获得感、幸福感和安全感。

第三篇
全国政务服务便民热线服务能力发展报告

主要结论

为了更好地推进政务服务便民热线服务能力建设，依据党中央、国务院最新要求，北京师范大学政府管理学院服务型政府研究中心联合中国电子信息产业发展研究院赛迪呼叫对全国地级以上行政区划单位设立的12345政务服务便民热线和国务院有关部门设立的政务服务便民热线的管理与服务情况进行全面调研与评估。

在本次调研与评估中，根据各政务服务便民热线服务对象范围和层级不同，评估工作组对有效的370个评估对象进行了五个类别七个方面的对比分析。第一类直辖市以外的省级行政区划单位（不含港澳台）设立的12345政务服务便民热线17条，第二类直辖市设立的12345政务服务便民热线4条，第三类省会城市和计划单列市设立的12345政务服务便民热线32条，第四类地级行政区划单位（不包含省会城市和计划单列市）设立的12345政务服务便民热线290条，第五类国务院有关部门设立的政务服务便民热线27条。针对370条政务服务便民热线分别从电话受理渠道建设情况、互联网受理渠道建设情况、电话接听基本礼仪、电话接听沟通能力、电话接听业务能力和对热线的宣传和推广等方面进行了评估与分析。

（一）主要发现

（1）直辖市以外的省级行政区划单位（不含港澳台）设立的12345政务服务便民热线总体较好的有：江苏、青海、云南、宁夏、贵州、广西、四川、河北、山东和安徽。

（2）直辖市设立的12345政务服务便民热线总体较好的有：上海、北京、天津和重庆。

（3）省会城市和计划单列市设立的12345政务服务便民热线总体较好的有：武汉、合肥、银川、济南、福州、深圳、西宁、大连、厦门、贵阳、南京、郑州、青岛、昆明、西安、太原、成都、石家庄、呼和浩特、宁波、拉萨、沈阳和乌鲁木齐23条。

（4）地级行政区划单位（不包含省会城市和计划单列市）设立的12345政务服务便民热线总体较好的有：承德、阿坝藏族羌族自治州、阿克苏地区、南通、烟台、莆田、三明、眉山、潮州、泉州和南平（在评估值相同的情况下，每一省份只选取该省份内排名最靠前的一个地级行政区划单位，后续部分均采用此规则对评估值相同的、处于同一省份的地级行政区划单位进行选取）。

（5）国务院有关部门设立的政务服务便民热线总体较好的有：应急管理部12350全国安全生产举报投诉电话、海关总署全国海关12360统一服务热线、国家税务总局12366纳税服务热线、工业和信息化部12381公共服务电话、交通运输部12328交通运输服务监督电话、司法部12348全国公共法律服务专用电话、国家能源局12398能源监管热线、中国证券监督管理委员会12386中国证监会热线、中国残疾人联合会12385全国残疾人服务热线、文化和旅游部12318文化市场举报电话。

（二）评估亮点

（1）省级行政区划单位越来越重视政务服务便民热线建设。全国省级行政区划单位（不含港澳台）开设了 12345 政务服务便民热线的共有 21 条，占比 67.74%（21/31）。

（2）政务服务便民热线全国覆盖率较高。4 个直辖市设立的 12345 政务服务便民热线覆盖率 100%，全国 333 个地级行政区划单位设立的 12345 政务服务便民热线覆盖率 98.80%（329/333）。全国地级行政区划单位以上区域（不含港澳台）除赤峰以外，均有省级或地级行政区划单位设立的 12345 政务服务便民热线为群众提供服务。

（3）政务服务便民热线“死线”占比低。省级行政区划单位设立的 12345 政务服务便民热线全部能接通；国务院有关部门设立的政务服务便民热线全部能接通；地级行政区划单位设立的 12345 政务服务便民热线有 5 条未接通，“死线”占比为 1.52%（5/329）。在本次评估全部的 370 家政务服务便民热线中，“死线”占比为 1.35%（5/370）。

（4）政务服务便民热线互联网受理渠道建设备受重视。在本次评估中可以拨通且至少开通了一种互联网受理渠道的政务服务便民热线的占比达到 53.51%（198/370）。

（5）政务服务便民热线宣传推广备受关注。在本次评估中可以拨通且至少通过政府门户、中央新闻网站、搜索引擎和商业媒体网站这四种宣传推广渠道中的任何一种，进行宣传推广的政务服务便民热线的占比达到 99.73%（369/370）。

（三）突出问题

（1）互联网受理渠道的建设与电话受理渠道的建设差距较大。

在我国全部 364 个地级行政区划单位和省级行政区划单位（不含港澳台）中，12345 政务服务便民热线的开通率已达到了 94.23%。与此相比，我国在地级行政区划单位和省级行政区划单位这两个层面，在本次评估中可以拨通且至少开通了一种互联网受理渠道的 12345 政务服务便民热线的占比只有 53.35%，相差高达 40.88%。

（2）互联互通整体性偏弱影响一号响应能力。在我国全部 364 个地级行政区划单位和省级行政区划单位（不含港澳台）中，只有 201 条 12345 政务服务便民热线在互联互通方面的评估值超过了所在类别的平均值，占比 58.6%（201/343）。在互联互通方面进一步加强，以充分实现一号响应，依然是我国 12345 政务服务便民热线需要不断加强的一个发展方向。

（3）队伍建设的短板制约了服务效率的提升。在本次调研的 370 条 12345 政务服务便民热线中，198 条 12345 政务服务便民热线在接通与接起方面的评估值超过所在类别的平均值，占比 53.51%（198/370）。这在很大程度上反映出，我国政务服务便民热线在坐席人员队伍规模、坐席人员的业务知识，特别是坐席人员的服务效率方面，仍有相当大的提升空间。

（4）知识库建设不充分且功能发挥不完善。从本次调研结果来看，有些政务服务便民热线在回答来电群众的咨询时，业务不熟练，存在通话过程中让来电群众等待较长时间的情况。这与政务服务便民热线在知识库的建设与应用上还不够成熟、不够深入有着密切关系。

（5）缺乏对大数据的有效挖掘和充分应用。对政务服务便民热线的服务时长构成影响的因素，既涉及坐席人员的队伍规模、坐席人员的服务效率、政务服务便民热线知识库的建设水平与应用效率，也与政务服务便民热线的主管部门和承建单位对相关大数据的有效挖掘和充分应用息息相关。

（四）改进建议

（1）省级行政区划单位对政务服务便民热线的重视还需要持续加强。从设立了省级 12345 政务服务便民热线电话并能有效拨通的 17 条省级热线来看，大部分是依托省会城市设立的 12345 政务服务便民热线开展服务，而且多数设置了转入省级 12345 政务服务便民热线的“门槛”，不利于企业民众使用。从完善政务服务便民热线的建设与服务体系的长远发展目标来看，省级行政区划单位需要更加重视政务服务便民热线的建设投入。

（2）明确和规范政务服务便民热线的受理范围。政务服务便民热线需要在前述政务服务便民热线的职能定位与受理范围之内，建立健全政务服务便民热线工作管理体系、优化政务服务便民热线的工作流程，依法依规完善包括受理、派单、办理、答复、督办、办结、回访、评价等环节的工作流程，建立有效的政务服务便民热线信息共享机制，强化政务服务便民热线的信息安全保障机制，建立政务服务便民热线的工作督办问责机制，不断丰富政务服务便民热线的受理渠道，加强政务服务便民热线的知识库建设和应用，提升政务服务便民热线的队伍建设水平，并从组织领导、制度保障和社会参与等方面，围绕政务服务便民热线的职能定位，以建设人民满意的政务服务便民热线为目标，开展政务服务便民热线受理范围之内的各项工作。

(3) 强化政务服务便民热线的电话受理渠道建设。作为强化电话受理渠道建设的质量内涵，各类政务服务便民热线在坐席人员的基本礼仪、沟通能力和业务能力方面，也有较大的提升空间，需要进一步通过规范化、专业化的培训，提升坐席人员的职业素养与服务能力。

(4) 优化政务服务便民热线的网络受理渠道。为了更好地满足企业和群众个性化、多样化需求，在互联网具体接入方式上，政务服务便民热线可以灵活地在本级政府门户网站、热线专用网站、热线专用手机应用程序（APP）、热线专用微信公众号、小程序以及热线专用微博号等方面有所选择和取舍，充分考虑政务服务便民热线的互联网受理渠道和领导信箱、政务服务设立的互联网咨询窗口的对接与融合。

(5) 建立政务服务便民热线的信息共享机制。需要建立基于政务服务便民热线的信息共享机制，从共享的内容范围、共享的行为主体、共享的使用方式等方面，全面推动政务服务便民热线的数据及相关知识库向基层工作人员和社会开放，提升政务服务便民热线的效率和水平。

(6) 提升政务服务便民热线知识库的建设水平。政务服务便民热线知识库需要具备权威准确、标准统一、实时更新、共建共赢、高效检索等基本特征。其中，知识库的权威准确决定了政务服务便民热线的服务质量和民众对政务服务便民热线的高依赖程度。实现权威准确，需要完善多方校验机制，在查重纠错、内容更新等方面，形成快速准确的响应机制。针对最新政策和热点问题，形成统一的答复口径。优化政务服务便民热线知识库的人机交互模式，提供多种检索策略，提高查找的查全率和查准率。

（7）加强政务服务便民热线的队伍建设。加强对一线人员的业务培训，建立合理的绩效考核机制，对提升一线人员的服务水平、激发其服务热情，具有重大意义。与此同时，涉及政务服务便民热线运营过程的其他相关人员，包括领域专家、管理人员、维护人员等，也需要有合理的制度加以引导、规范。

（8）持续提高政务服务便民热线的宣传推广水平。政务服务便民热线要进一步增强宣传推广意识，充分利用当前快速发展的融媒体环境，全方位、多角度、及时地开展政务服务便民热线的宣传，让群众广泛知晓政务服务便民热线，有事首先想到政务服务便民热线，方便地接入政务服务便民热线，高效使用政务服务便民热线，满意评价政务服务便民热线，更多依赖政务服务便民热线。

（9）逐步完善政务服务便民热线的制度建设。根据政务服务便民热线的功能定位与服务机制，应该从数据治理、服务沟通、业务管理和人员管理等方面加以充分考虑，逐步完善政务服务便民热线制度体系。

（10）不断提升政务服务便民热线服务政府决策的能力。需要在政务服务便民热线的数据分析与挖掘深度、数据决策模型建立与完善以及服务政府决策机制的构建等方面进一步加强。

一、评估方案

（一）评估依据与原则

1. 评估依据

本次评估的主要依据包括以下几方面。

（1）党中央、国务院的相关政策文件。包括《国务院办公厅关于进一步优化地方政务服务便民热线的指导意见》等在内的，涉及服务型政府建设、政务服务便民热线等的各类政策规划与指导意见。

（2）涉及政务服务便民热线的相关国家标准。包括《政府热线服务评价》（GB/T 33357—2016）和《政府热线服务规范》（GB/T 33358—2016）等。

（3）电话拨测获得的核心评估数据。评估工作组设置政务服务便民热线的多种对话场景库，涉及咨询、求助、投诉、举报、意见与建议等，围绕评估指标细化形成问题，组织专业人员开展多轮拨测，获得本次评估的核心依据。本次电话拨测评估数据均通过归属地为北京的电话号码拨打自动转接采集。

（4）网络调研获得的评估数据。为了有效反映政务服务便民热线除电话之外其他受理渠道的建设与服务水平，从热线在本级政府门户网站设立专题或专栏、热线专用网站、热线专用手机应用程序（APP）、热线专用微信公众号、热线专用微博号、热线专用微信小程序等六个维度，设计评估考察点，全面覆盖政务服务便民热线在互联网方面的受理渠道建设、服务受理、进度查询、使用指南、内容更新等核心问题，汇集成政务服务便民热线互联网渠道建设与服务能力的有效评估数据。

（5）大数据挖掘获取的评估数据。针对政务服务便民热线的宣传推广，有利于让群众广泛知晓政务服务便民热线。评估工作组通过大数据挖掘方式，分析了各级政务服务便民热线通过本级及上级政府门户网站、群众常用的搜索引擎、中央新闻网站和影响力较大的商业媒体宣传和推广热线的相关数据，形成评估其宣传推广效果的有效数据。

2. 评估原则

本次评估坚持以下七项基本原则。

（1）政策导向原则。政务服务便民热线服务能力的第三方评估，出发点与落脚点在于以评促建、以评促升。通过评估，借助优秀的示范，见贤思齐，以点带面，全力提升我国政务服务便民热线的整体建设水平与服务能力。为此，评估工作组在评估指标的设计上，紧密结合《国务院办公厅关于进一步优化地方政务服务便民热线的指导意见》的指示精神与内容要点。

（2）公开、公平、公正原则。公开评估流程、评估指标、评估方法和评估结果等信息，采取第三方评估方式，实事求是、公正合理地衡量各类政务服务便民热线的建设与服务效果。

（3）共性与个性相结合原则。在考虑对政务服务便民热线的共性要求的基础上，兼顾不同行政级别的政务服务便民热线的特色，合理设置评估指标体系，制定科学的评估方案并有效实施，使评估活动能够准确评估各级政务服务便民热线的建设与服务的真实情况。

（4）定量与定性相结合的原则。评估过程尽量采用较为客观的定量方法进行分析和判断。而对于难以量化的评估指标，则使用五级量表进行评估赋值。

（5）可靠性原则。通过电话拨测、网络调研和大数据挖掘等方法与技术，全面采集和使用真实、客观的政务服务便民热线的建设与服务数据，并对电话拨测进行全程留痕，对网络调研获得的资料进行全面截图，对网络数据抓取的结果进行全样本保存，确保全程留痕、有据可查，实现评估数据的可溯源与可反复查证。

（6）规范性原则。评估工作组结合专家研讨会的意见，制定评估指标体系和评估方案。根据预评估的结果，结合评估数据的可获得性，将评估指标更集中为通过机构外部可获得评估数据的指标，合理设置主观指标和客观指标，适当调整指标权重，并就指标定义、指标评估要点和评估值计算规则加以明确，确保整个评估工作的规范性，保证评估结果的客观，无差错和可信赖。

（7）专业性原则。为确保评估方案的切实可行，评估工作组于2020年12月邀请来自政务服务便民热线一线的行业专家和主管领导，以及从事政务信息公开评估、服务型政府建设研究的专家学者，对评估指标体系的科学性和可行性开展了系统论证。

（二）评估对象

依据民政部发布的《中华人民共和国行政区划统计表》[1]，截至2019年12月31日，我国现有省级行政区划单位34个，包括4个直辖市、23个省、5个自治区和2个特别行政区，我国现有地级行政区划单位333个，包括293个地级市、7个地区、30个自治州和3个盟。为实现对我国政务服务便民热线的全面评估，确保评估对象的全面覆盖，结合我国政务服务便民热线的发展现状，将本次评估对象确定为394条，具体包括：除港澳台以外的全部省级行政区划单位设立的12345政务服务便民热线31条、全部地级行政区划单位设立的12345政务服务便民热线333条和国务院有关部门设立的政务服务便民热线30条。

根据各政务服务便民热线服务对象范围和层级不同，评估工作组对评估对象进行了分类。共分为五个类别：第一类是直辖市以外的省级行政区划单位（不含港澳台）设立的12345政务服务便民热线；第二类是直辖市设立的12345政务服务便民热线；第三类是省会城市和计划单列市设立的12345政务服务便民热线；第四类是地级行政区划单位（不包含省会城市和计划单列市）设立的12345政务服务便民热线；第五类是国务院有关部门设立的政务服务便民热线。

通过初步评估，评估工作组发现：内蒙古、浙江、福建、河南、湖北、湖南、广东、西藏、甘肃、新疆共10个省级行政区划

1 中华人民共和国民政部.中华人民共和国行政区划统计表[EB/OL].2019-12-31.[2021-01-26]. http://xzqh.mca.gov.cn/statistics/2019.html.

单位12345政务服务便民热线电话未开通或无法通过省会城市热线电话转接；内蒙古兴安盟、贵州毕节市、西藏林芝市、西藏那曲市、新疆吐鲁番市共5个地级行政区划单位12345政务服务便民热线无法接通；内蒙古赤峰市、青海海南藏族自治州、青海海北藏族自治州、青海海西蒙古族藏族自治州共4个地级行政区划单位12345政务服务便民热线未开通；海南三沙市和儋州市共2个地级行政区划单位12345政务服务便民热线合并到海南省12345政务服务便民热线；国家移民局设立的12367咨询服务热线和国家医保局设立的12393医疗保障服务热线未开通；市场监管总局设立的12315市场监管投诉举报热线和地方设立的12345政务服务热线合并，未能取得有效数据。

因此，本次评估可以收集到评估数据的有效评估对象共有370条。具体包括：

（1）直辖市以外的省级行政区划单位（不含港澳台）设立的12345政务服务便民热线17条；

（2）直辖市设立的12345政务服务便民热线4条；

（3）省会城市和计划单列市设立的12345政务服务便民热线32条；

（4）地级行政区划单位（不包含省会城市和计划单列市）设立的12345政务服务便民热线290条；

（5）国务院有关部门设立的政务服务便民热线27条。

（三）指标体系

根据前期研究和调研，结合《国务院办公厅关于进一步优化地方政务服务便民热线的指导意见》（国办发〔2020〕53号）文件精神，在确保可操作的基础上，经过专家的讨论研究，本次评估共设立3个一级指标、8个二级指标和24个三级指标。其中，一级指标包括受理渠道、服务水平和宣传推广。对受理渠道设立电话受理、互联网受理和互联互通3个二级指标，对服务水平设立基本礼仪、沟通能力和业务能力3个二级指标，对宣传推广主要设立政府媒体和商业媒体2个二级指标，共计8个二级指标。在二级指标的基础上，进一步细分出24个三级指标。

需要说明的是，根据职能定位，国务院有关部门设立的政务服务便民热线通常不与水电气市政服务电话和110、119、120、122等紧急热线进行互联互通，因此，针对国务院有关部门设立的政务服务便民热线的评估，删除二级评估指标“电话受理”下的“互联互通”三级指标。将“互联互通”的权重赋给二级评估指标“电话受理”下的“接通与接起”三级指标，将其权重调整为12。其余评估指标及其权重与其他四类评估对象保持一致。评估指标内容构成与指标权重见表3-1。国务院有关部门设立的政务服务便民热线情况比较复杂，一些不区分企业和群众的电话的所属地，统一接听（如工业和信息化部、海关总署、国家税务总局等），一些根据企业和群众的电话的所属地，依据属地管理原则分别转接到对应的地方分中心接听（如应急管理部、农业农村部等），本次电话拨测评估数据均通过归属地为北京的电话号码拨打自动转接采集。

表 3-1　政务服务便民热线的评估指标体系

一级指标（权重）	二级指标（权重）	三级指标（权重）
受理渠道（23）	电话受理（17）	接通与接起（10）
		服务时长（5）
		互联互通（2）
	互联网受理（6）	网络受理渠道数量（1）
		使用指南（1）
		提供自助下单（2）
		提供受理进度查询（1）
		及时更新信息（1）
服务水平（70）	基本礼仪（20）	发音语调（5）
		等待时间的回应（5）
		结束部分（5）
		整体用语（5）
	沟通能力（30）	倾听能力（5）
		询问引导能力（5）
		表达能力（易听）（5）
		交谈方法（5）
		说话方式（易懂）（5）
		语言的组织（5）
	业务能力（20）	业务知识（10）
		执行能力（10）
宣传推广（7）	政府媒体（4）	政府门户（2）
		中央新闻网站（2）
	商业媒体（3）	搜索引擎（2）
		商业媒体网站（1）

* 括号中为该指标的权重。

（四）评估方法与过程

本次评估通过电话拨测、网络调研和大数据挖掘等方法和技术采集全部评估数据，内容涵盖全部 24 个三级指标。其中，通过电话拨打采集 15 个三级指标的评估数据，通过网络调研采集 5 个三级指标的评估数据，通过大数据挖掘技术方式采集 4 个三级指标的评估数据。

1. 通过电话拨测收集核心评估数据

评估工作组设置政务服务便民热线的多种对话场景，通过电话拨打采集 15 个三级指标的评估数据。2021 年 1 月 21 日至 2 月 6 日，分 3 轮 4 次完成拨测任务，每一次拨测需完成所有热线电话拨测任务，拨测人员在每一次拨测时间范围内完成相应的拨测任务。具体时间安排如下。

第 1 轮：2021 年 1 月 23—24 日，2021 年 1 月 30—31 日，2 月 6 日，拨测人员在该时间段的 9:00—11:00 或 14:00—16:00 任选一个时间点完成一次拨测任务。

第 2 轮：2021 年 1 月 21—22 日，2021 年 1 月 25—29 日，拨测人员在该时间段的 9:00—11:00 或 14:00—16:00 任选一个时间点完成一次拨测任务，在 18:00—24:00 任选一个时间点完成第二次拨测任务。

第 3 轮：2021 年 2 月 1—5 日，拨测人员在该时间段的 9:00—11:00 或 14:00—16:00 任选一个时间点完成一次拨测任务，在 18:00—24:00 任选一个时间点完成第二次拨测任务。

2. 通过网络调研获取评估数据

2020 年 12 月 25 日至 2021 年 2 月 6 日，评估工作组对最终确定的 370 条政务服务便民热线的互联网受理渠道建设及其服务情况开展调研，设计出 38 个具体问题，全面涵盖本级政府门户网站、热线专用网站、热线专用手机应用程序（APP）、热线专用微信公众号、热线专用微博号和热线专用微信小程序等六种细分的互联网受理渠道，且对每一种互联网受理渠道，均从受理渠道建设、服务受理、进度查询、使用指南、内容更新和监督渠道这六个角度，运用互联网调研方法，手动对关键内容进行屏幕截图，形成可靠的评估数据。

3. 通过大数据挖掘技术抓取评估数据

2021 年 2 月 4—25 日，评估工作组采用大数据挖掘技术对政务服务便民热线的宣传推广情况进行全面数据采集。采集的网站来源包括：①国务院门户网站；②省级政府门户网站和所在地级政府的门户网站；③百度；④中央新闻网站（包括：人民网、新华网、中国网、国际在线、中国日报网、央视网、中国青年网、光明网、央广网、中国新闻网、中青在线和中国经济网）；⑤商业媒体网站（包括：腾讯、新浪、搜狐、今日头条、网易等）。通过这种方式采集到的评估数据，评估工作组将之进一步细分为“政务服务便民热线出现在新闻媒体中的情况汇总表格和数据”和“政务服务便民热线分别出现在新闻报道的标题或正文中的情况统计”，其中，“政务服务便民热线出现在新闻媒体中的情况汇总表格和数据”要求介绍热线名称、报道该热线的媒体名称、报道的时间、报道的原文链接等，为后续的指标赋值提供充分依据。

4. 评估指标的赋值过程

为确保评估的客观、公正，针对网络调研和大数据挖掘获取的评估数据，本次评估设计了更为方便量化的规则进行赋值；而对电话拨测获得的评估数据，难以依据前述规则进行赋值，为此，评估工作组设置了五级量表进行评估赋值。为确保对电话拨测获得的评估数据进行可靠、公正地赋值，评估工作组邀请从事政务服务便民热线的行业专家，根据评估值计算规则分别对 4 次电话拨测的录音数据进行赋值。在计入各条政务服务便民热线的电话拨测总分时，对电话拨测所设计的 45 个角度（或问题），均选取了其 4 次电话拨测的最高评估值。

二、总体评估结果

（一）我国政务服务便民热线的总体建设情况

1. 省级行政区划单位（不含港澳台）设立的12345政务服务便民热线的覆盖情况

本次评估发现：截至本次评估调研结束，北京、天津、河北、山西、辽宁、吉林、黑龙江、上海、江苏、安徽、江西、山东、广西、海南、重庆、四川、贵州、云南、陕西、青海和宁夏 21 个省级行政区划单位开通了省级 12345 政务服务便民热线。内蒙古、浙江、福建、河南、湖北、湖南、广东、西藏、甘肃、新疆 10 个省级行政区划单位未开通或无法通过省会城市热线 12345 政务服务便民热线转接到省级 12345 政务服务便民热线电话。

本次评估发现：截至本次评估调研结束，内蒙古兴安盟、贵州毕节市、西藏林芝市、西藏那曲市、新疆吐鲁番市 5 个地级行政区划单位设立的 12345 政务服务便民热线无法接通；内蒙古赤峰市、青海海南藏族自治州、青海海北藏族自治州、青海海西蒙古族藏族自治州 4 个地级行政区划单位未开通 12345 政务服务便民热线；海南三沙市和儋州市 2 个地级行政区划单位 12345 政务服务便民热线合并到海南省 12345 政务服务便民热线。

2. 省级行政区划单位（不含港澳台）内省级行政区划单位和地级行政区划单位设立的12345政务服务便民热线的总数统计

本次评估发现，在我国 31 个省级行政区划单位（不含港澳台）内，既有省级行政区划单位（不含港澳台）设立的 12345 政务服务便民热线，也有本行政区划下各地级行政区划单位所设立的 12345 政务服务便民热线。每个省级行政区划单位内设立的政务服务便民热线的总数存在差异。

（二）直辖市以外的省级行政区划单位（不含港澳台）设立的 12345 政务服务便民热线的总体情况

本次评估发现，在直辖市以外的省级行政区划单位（不含港澳台）设立的 12345 政务服务便民热线中，总体较好的有：江苏、青海、云南、宁夏、贵州、广西、四川、河北、山东和安徽等。

江苏和青海总体情况优秀，76.47% 的评估对象总体情况良好，黑龙江和江西则需继续不断优化 12345 政务服务便民热线的建设与服务。

（三）直辖市设立的12345政务服务便民热线的总体情况

本次评估发现，在直辖市设立的12345政务服务便民热线中，总体均处于良好等级，其中更突出的是上海和北京。

表3-2　直辖市以外的省级行政区划单位（不含港澳台）设立的12345政务服务便民热线的总体评估情况

序号	评估对象	总体情况
1	江苏	优秀
2	青海	
3	云南	良好
4	宁夏	
5	贵州	
6	广西	
7	四川	
8	河北	
9	山东	
10	安徽	
11	陕西	
12	山西	
13	海南	
14	吉林	一般
15	辽宁	
16	黑龙江	较差
17	江西	

*在本评估报告中，评估值为85及以上的评估对象，评估等级列为优秀；评估值介于70～85的评估对象，评估等级列为良好；评估值介于60～69的评估对象，评估等级列为一般；评估值低于60的评估对象，评估等级列为较差。

（四）省会城市和计划单列市设立的 12345 政务服务便民热线的总体情况

本次评估发现，在省会城市和计划单列市设立的 12345 政务服务便民热线中，表现优秀的是武汉、合肥、银川、济南、福州、深圳、西宁、大连、厦门、贵阳、南京、郑州、青岛、昆明、西安、太原、成都、石家庄、呼和浩特、宁波、拉萨、沈阳和乌鲁木齐等 23 条。

23 条省会城市和计划单列市设立的 12345 政务服务便民热线表现优秀占比为 71.88%，7 条表现良好，2 条表现一般，没有出现表现较差的情形。具体情况见表 3–3。

表 3–3　省会城市和计划单列市设立的 12345 政务服务便民热线总体评估情况

序号	评估对象	评估等级
1	武汉	优秀
2	合肥	
3	银川	
4	济南	
5	福州	
6	深圳	
7	西宁	
8	大连	
9	厦门	
10	贵阳	

续表

序号	评估对象	评估等级
11	南京	优秀
12	郑州	
13	青岛	
14	昆明	
15	西安	
16	太原	
17	成都	
18	石家庄	
19	呼和浩特	
20	宁波	
21	拉萨	
22	沈阳	
23	乌鲁木齐	
24	兰州	良好
25	杭州	
26	南昌	
27	哈尔滨	
28	南宁	
29	广州	
30	长春	
31	长沙	一般
32	海口	

（五）地级行政区划单位（不包含省会城市和计划单列市）设立的12345政务服务便民热线的总体情况

本次评估发现，地级行政区划单位（不包含省会城市和计划单列市）设立的12345政务服务便民热线总体较好的有承德、阿坝藏族羌族自治州、阿克苏地区、南通、烟台、莆田、三明、眉山、潮州、泉州和南平等，具体情况见表3-4。在地级行政区划单位（不包含省会城市和计划单列市）设立的290条12345政务服务便民热线中，54条表现优秀，占比18.62%；163条表现良好，占比56.21%；50条表现一般，占比17.24%；23条表现较差，占比7.93%。良好以上的评估对象占比74.83%。需要指出的是：九江、安庆、普洱、昭通、开封、定西、阜阳、白银、百色、吉安、鹰潭、哈密、松原、萍乡、漯河、绥化、呼伦贝尔、景德镇、临沧、塔城地区、鹤岗、喀什地区和甘南藏族自治州23条地级行政区划单位所设立的12345政务服务便民热线在本次评估中表现欠佳，存在较大的提升与优化空间。具体情况见表3-5地级行政区划单位（不包含省会城市和计划单列市）设立的12345政务服务便民热线总体评估情况。

表 3-4 地级行政区划单位（不包含省会城市和计划单列市）设立的 12345 政务服务便民热线 TOP100

所在省份	评估对象	所在省份	评估对象
河北	承德	内蒙古	锡林郭勒盟
四川	阿坝藏族羌族自治州	广西	贵港
新疆	阿克苏地区	云南	德宏傣族景颇族自治州
江苏	南通	甘肃	临夏回族自治州
山东	烟台	河南	许昌
福建	莆田	四川	绵阳
福建	三明	福建	龙岩
四川	眉山	山东	淄博
广东	潮州	江苏	扬州
福建	泉州	云南	楚雄彝族自治州
福建	南平	广西	河池
福建	宁德	甘肃	庆阳
贵州	安顺	新疆	伊犁哈萨克自治州
四川	内江	四川	自贡
宁夏	石嘴山	吉林	四平
河北	唐山	湖南	常德
山东	日照	云南	迪庆藏族自治州
河南	商丘	广东	江门
广东	汕头	浙江	台州
广东	茂名	湖北	襄阳
内蒙古	通辽	湖北	十堰

续表

所在省份	评估对象	所在省份	评估对象
四川	遂宁	广东	汕尾
江苏	苏州	山东	威海
四川	攀枝花	陕西	汉中
广西	贺州	西藏	昌都
广东	韶关	新疆	昌吉回族自治州
广东	清远	山东	泰安
山西	朔州	江苏	连云港
湖北	恩施土家族苗族自治州	四川	雅安
河北	邯郸	广东	佛山
广东	河源	河北	保定
安徽	黄山	山东	临沂
河南	三门峡	贵州	黔东南苗族侗族自治州
浙江	衢州	云南	大理白族自治州
四川	南充	新疆	巴音郭楞蒙古自治州
山西	大同	山东	潍坊
四川	达州	安徽	蚌埠
浙江	绍兴	黑龙江	七台河
河南	南阳	内蒙古	阿拉善盟
广西	钦州	山东	东营
河南	平顶山	云南	文山壮族苗族自治州
山西	吕梁	吉林	延边朝鲜族自治州
湖南	邵阳	贵州	黔西南布依族苗族自治州

续表

所在省份	评估对象	所在省份	评估对象
江苏	常州	内蒙古	乌兰察布
湖南	岳阳	河北	秦皇岛
陕西	商洛	江苏	淮安
江苏	无锡	山东	枣庄
辽宁	朝阳	广西	北海
陕西	延安	湖南	衡阳
贵州	黔南布依族苗族自治州	辽宁	盘锦

表 3-5　地级行政区划单位（不包含省会城市和计划单列市）设立的12345 政务服务便民热线总体评估情况

序号	评估对象	评估等级	序号	评估对象	评估等级
1	承德	优秀	11	南平	优秀
2	阿坝藏族羌族自治州		12	宁德	
3	阿克苏地区		13	安顺	
4	南通		14	内江	
5	烟台		15	石嘴山	
6	眉山		16	唐山	
7	莆田		17	茂名	
8	三明		18	汕头	
9	潮州		19	商丘	
10	泉州		20	日照	

续表

序号	评估对象	评估等级	序号	评估对象	评估等级
21	通辽	优秀	43	邵阳	优秀
22	遂宁		44	常州	
23	苏州		45	岳阳	
24	攀枝花		46	商洛	
25	贺州		47	无锡	
26	清远		48	朝阳	
27	韶关		49	延安	
28	朔州		50	黔南布依族苗族自治州	
29	恩施土家族苗族自治州		51	贵港	
30	邯郸		52	德宏傣族景颇族自治州	
31	河源		53	锡林郭勒盟	
32	黄山		54	临夏回族自治州	
33	三门峡		55	许昌	良好
34	南充		56	绵阳	
35	衢州		57	龙岩	
36	大同		58	淄博	
37	达州		59	扬州	
38	绍兴		60	楚雄彝族自治州	
39	南阳		61	庆阳	
40	钦州		62	河池	
41	平顶山		63	伊犁哈萨克自治州	
42	吕梁		64	自贡	

续表

序号	评估对象	评估等级	序号	评估对象	评估等级
65	四平	良好	87	蚌埠	良好
66	常德		88	七台河	
67	迪庆藏族自治州		89	阿拉善盟	
68	江门		90	东营	
69	台州		91	文山壮族苗族自治州	
70	汕尾		92	延边朝鲜族自治州	
71	襄阳		93	黔西南布依族苗族自治州	
72	十堰		94	乌兰察布	
73	威海		95	秦皇岛	
74	汉中		96	淮安	
75	昌都		97	枣庄	
76	昌吉回族自治州		98	北海	
77	泰安		99	衡阳	
78	雅安		100	盘锦	
79	连云港		101	滨州	
80	佛山		102	巴彦淖尔	
81	保定		103	曲靖	
82	临沂		104	怒江傈僳族自治州	
83	黔东南苗族侗族自治州		105	凉山彝族自治州	
84	大理白族自治州		106	滁州	
85	巴音郭楞蒙古自治州		107	宝鸡	
86	潍坊		108	崇左	

续表

序号	评估对象	评估等级	序号	评估对象	评估等级
109	红河哈尼族彝族自治州	良好	131	包头	良好
110	铜陵		132	铜川	
111	肇庆		133	抚顺	
112	山南		134	宣城	
113	西双版纳傣族自治州		135	广安	
114	郴州		136	惠州	
115	济宁		137	镇江	
116	新乡		138	博尔塔拉蒙古自治州	
117	泰州		139	盐城	
118	葫芦岛		140	随州	
119	临汾		141	漳州	
120	黄石		142	宜宾	
121	湘西土家族苗族自治州		143	长治	
122	巴中		144	张家界	
123	鹤壁		145	芜湖	
124	梅州		146	阳泉	
125	渭南		147	安康	
126	聊城		148	张家口	
127	菏泽		149	抚州	
128	大庆		150	玉树藏族自治州	
129	鸡西		151	大兴安岭地区	
130	防城港		152	德州	

续表

序号	评估对象	评估等级	序号	评估对象	评估等级
153	池州	良好	174	黄冈	良好
154	濮阳		175	宜昌	
155	鄂州		176	中山	
156	泸州		177	湘潭	
157	柳州		178	怀化	
158	双鸭山		179	咸宁	
159	来宾		180	东莞	
160	晋城		181	乌海	
161	衡水		182	忻州	
162	锦州		183	德阳	
163	甘孜藏族自治州		184	娄底	
164	阿勒泰地区		185	驻马店	
165	揭阳		186	梧州	
166	淮南		187	益阳	
167	三亚		188	榆林	
168	克孜勒苏柯尔克孜自治州		189	舟山	
			190	桂林	
169	珠海		191	六安	
170	遵义		192	金昌	
171	白山		193	保山	
172	宿州		194	吉林	
173	佳木斯		195	玉林	

续表

序号	评估对象	评估等级	序号	评估对象	评估等级
196	徐州	良好	218	周口	一般
197	吴忠		219	宿迁	
198	阿里地区		220	荆门	
199	上饶		221	广元	
200	通化		222	铜仁	
201	晋中		223	运城	
202	营口		224	日喀则	
203	亳州		225	阳江	
204	湛江		226	中卫	
205	株洲		227	金华	
206	信阳		228	丽水	
207	辽源		229	果洛藏族自治州	
208	玉溪		230	白城	
209	孝感		231	黑河	
210	鄂尔多斯		232	资阳	
211	丽江		233	永州	
212	淮北		234	武威	
213	鞍山		235	沧州	
214	伊春		236	咸阳	
215	嘉峪关		237	铁岭	
216	黄南藏族自治州		238	牡丹江	
217	六盘水		239	天水	

续表

序号	评估对象	评估等级	序号	评估对象	评估等级
240	邢台		262	洛阳	
241	阜新		263	齐齐哈尔	
242	湖州		264	焦作	一般
243	张掖		265	马鞍山	
244	温州		266	海东	
245	陇南		267	廊坊	
246	荆州		268	九江	
247	平凉		269	安庆	
248	新余		270	普洱	
249	克拉玛依		271	昭通	
250	丹东		272	开封	
251	本溪	一般	273	定西	
252	赣州		274	阜阳	
253	云浮		275	白银	较差
254	安阳		276	百色	
255	宜春		277	吉安	
256	嘉兴		278	鹰潭	
257	和田地区		279	哈密	
258	固原		280	松原	
259	酒泉		281	萍乡	
260	辽阳		282	漯河	
261	乐山		283	绥化	

续表

序号	评估对象	评估等级	序号	评估对象	评估等级
284	呼伦贝尔	较差	288	鹤岗	较差
285	景德镇		289	喀什地区	
286	临沧		290	甘南藏族自治州	
287	塔城地区				

（六）部分国务院组成部门设立的政务服务便民热线的情况

在评估到的国务院部分组成部门设立的政务服务便民热线中，总体较好的有：应急管理部 12350 全国安全生产举报投诉电话、海关总署全国海关 12360 统一服务热线、国家税务总局 12366 纳税服务热线、工业和信息化部 12381 公共服务电话、交通运输部 12328 交通运输服务监督电话、司法部 12348 全国公共法律服务专用电话、国家能源局 12398 能源监管热线、中国证券监督管理委员会 12386 中国证监会热线、中国残疾人联合会 12385 全国残疾人服务热线、文化和旅游部 12318 文化市场举报电话。

在国务院有关部门设立的 27 条政务服务便民热线中，应急管理部 12350 全国安全生产举报投诉电话和海关总署全国海关 12360 统一服务热线表现优秀，国家税务总局 12366 纳税服务热线、工业和信息化部 12381 公共服务电话等 13 条政务服务便民热线表现良好，国家铁路局 12306 全国统一客户服务电话和中华全国妇女联合会 12338 妇女维权公益服务热线等 8 条政务服务便民热线表现一般，而中国共产主义青年团中央委员会 12355 青少年心理咨询和法律援助热线电话、国家邮政局 12305 全国邮政业用户申诉电话、中华全国总工会 12351 职工服务热线、国家粮食和物资储备局 12325 全国粮食和物资储备监管热线 4 条政务服务便民热线仍须不断加大投入，提升建设水平和服务能力。具体见表 3–6。

表 3–6　部分国务院组成部门设立的政务服务便民热线评估情况

序号	评估对象	评估等级
1	应急管理部 12350 全国安全生产举报投诉电话	优秀
2	海关总署全国海关 12360 统一服务热线	
3	国家税务总局 12366 纳税服务热线	良好
4	工业和信息化部 12381 公共服务电话	
5	交通运输部 12328 交通运输服务监督电话	
6	司法部 12348 全国公共法律服务专用电话	
7	国家能源局 12398 能源监管热线	
8	中国证券监督管理委员会 12386 中国证监会热线	
9	中国残疾人联合会 12385 全国残疾人服务热线	
10	文化和旅游部 12318 文化市场举报电话	
11	国家乡村振兴局 12317 扶贫监督举报电话	
12	住房和城乡建设部 12329 住房公积金热线	
13	人力资源和社会保障部 12333 全国人力资源和劳动保障服务电话	
14	生态环境部 12369 环保举报热线	
15	工业和信息化部 12321 网络不良与垃圾信息举报电话	

续表

序号	评估对象	评估等级
16	国家铁路局12306全国统一客户服务电话	一般
17	中华全国妇女联合会12338妇女维权公益服务热线	
18	国家卫生健康委员会12320公共卫生公益电话	
19	农业农村部12316全国农业系统公益服务电话	
20	住房和城乡建设部12319全国住房和城乡建设服务电话	
21	水利部12314监督举报服务电话	
22	中国民用航空局12326民航服务质量监督电话	
23	国家烟草局12313烟草市场监管服务热线	
24	中国共产主义青年团中央委员会12355青少年心理咨询和法律援助热线电话	较差
25	国家邮政局12305全国邮政业用户申诉电话	
26	中华全国总工会12351职工服务热线	
27	国家粮食和物资储备局12325全国粮食和物资储备监管热线	

三、专项指标分析

（一）一级指标平均值情况分析

1. 直辖市以外的省级行政区划单位（不含港澳台）设立的12345政务服务便民热线

在直辖市以外的省级行政区划单位（不含港澳台）设立的

12345 政务服务便民热线中，受理渠道平均值为 12.56，8 条政务服务便民热线超过平均值，占比 47.06%；服务能力平均值为 55.63，10 条政务服务便民热线超过平均值，占比 58.82%；宣传推广平均值为 5.41，14 条政务服务便民热线超过平均值，占比 82.35%。具体情况如图 3-1 所示。

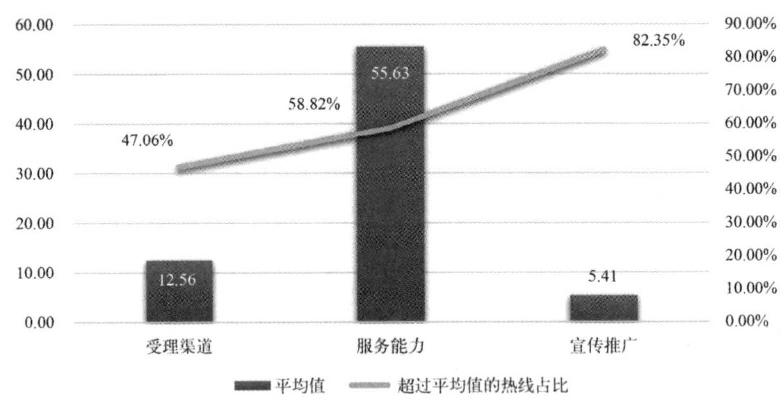

图3-1　直辖市以外的省级行政区划单位（不含港澳台）设立的12345政务服务便民热线一级指标平均值情况

2. 直辖市设立的12345政务服务便民热线

在直辖市设立的 12345 政务服务便民热线中，受理渠道平均值为 13.78，1 条政务服务便民热线超过平均值，占比 25.00%；服务能力平均值为 55.80，3 条政务服务便民热线超过平均值，占比 75.00%；宣传推广平均值为 5.25，2 条政务服务便民热线超过平均值，占比 50.00%。具体情况如图 3-2 所示。

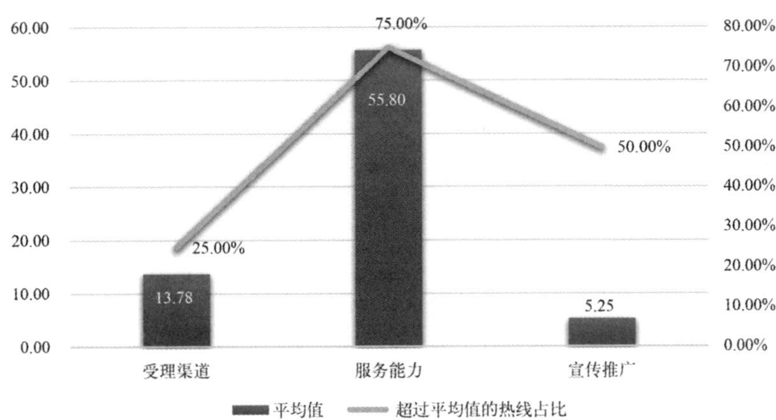

图3-2　直辖市设立的12345政务服务便民热线一级指标平均值情况

3. 省会城市和计划单列市设立的12345政务服务便民热线

在省会城市和计划单列市设立的 12345 政务服务便民热线中，受理渠道平均值为 17.30，15 条政务服务便民热线超过平均值，占比 46.88%；服务能力平均值为 64.41，29 条政务服务便民热线超过平均值，占比 90.63%；宣传推广平均值为 5.34，16 条政务服务便民热线超过平均值，占比 50.00%。具体情况如图 3-3 所示。

4. 地级行政区划单位（不包含省会城市和计划单列市）设立的12345政务服务便民热线

在地级行政区划单位（不包含省会城市和计划单列市）设立的 12345 政务服务便民热线中，受理渠道平均值为 15.80，163 条政务服务便民热线超过平均值，占比 56.21%；服务能力平均值为 56.43，144 条政务服务便民热线超过平均值，占比 49.66%；宣传推广平均值为 3.71，147 条政务服务便民热线超过平均值，占比 50.69%。具体情况如图 3-4 所示。

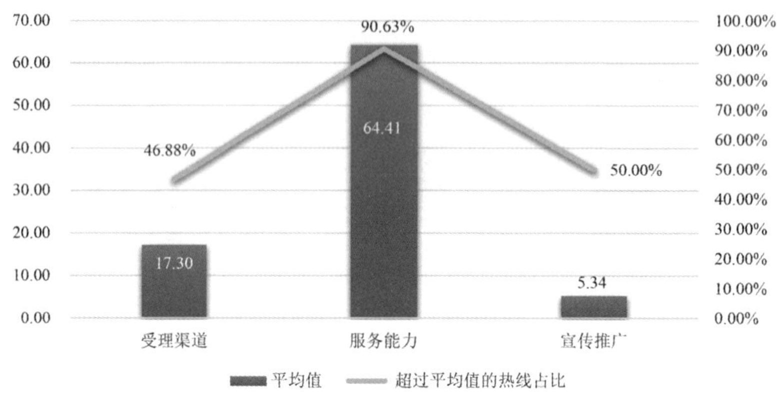

图3-3　省会城市和计划单列市设立的12345政务服务便民热线沟通能力平均值情况

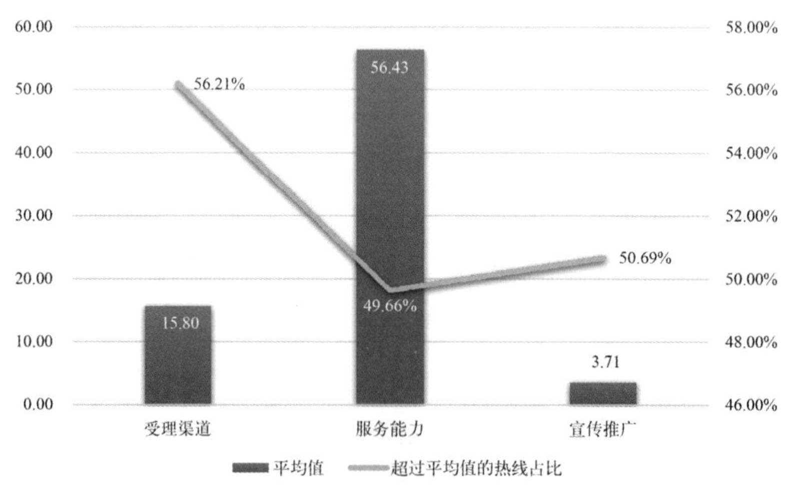

图3-4　地级行政区划单位（不包含省会城市和计划单列市）设立的12345政务服务便民热线一级指标平均值情况

5. 国务院有关部门设立的政务服务便民热线

在国务院有关部门设立的政务服务便民热线中，受理渠道平均值为 13.37，15 条政务服务便民热线超过平均值，占比 55.56%；服务能力平均值为 52.48，18 条政务服务便民热线超过平均值，占比 66.67%；宣传推广平均值为 5.61，16 条政务服务便民热线超过平均值，占比 59.26%。具体情况如图 3–5 所示。

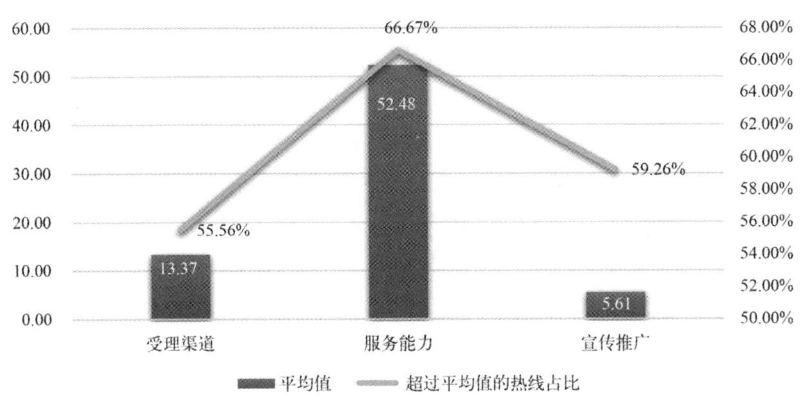

图3–5　国务院有关部门设立的政务服务便民热线一级指标平均值情况

（二）电话受理渠道

1. 直辖市以外的省级行政区划单位（不含港澳台）设立的12345政务服务便民热线

本次评估发现，直辖市以外的省级行政区划单位（不含港澳台）设立的 12345 政务服务便民热线在电话受理渠道建设方面较好的有：

江苏、云南、安徽、山东、四川、山西、贵州、青海、宁夏、广西。

在直辖市以外的省级行政区划单位（不含港澳台）设立的 12345 政务服务便民热线中，接通与接起平均值为 6.44，11 条热线超过平均值，占比 64.71%；服务时长平均值为 2.65，9 条热线超过平均值，占比 52.94%；互联互通平均值为 0.18，2 条热线超过平均值，占比 11.76%。具体情况如图 3-6 所示。

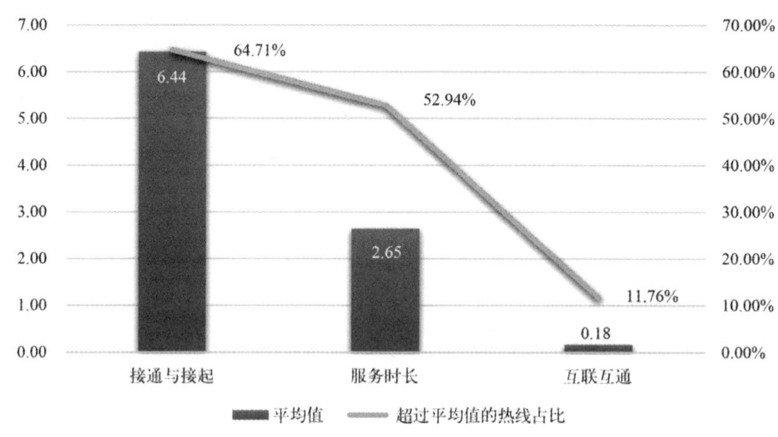

图3-6　直辖市以外的省级行政区划单位（不含港澳台）设立的12345政务服务便民热线电话受理渠道平均值情况

2. 直辖市设立的12345政务服务便民热线

本次评估发现，直辖市设立的 12345 政务服务便民热线在电话受理渠道建设方面较好的有上海和天津。

在直辖市设立的 12345 政务服务便民热线中，接通与接起平均值为 5.38，1 条热线超过平均值，占比 25%；服务时长平均值为 2.5，

2 条热线超过平均值，占比 50%；互联互通平均值为 1.40，3 条热线超过或等于平均值，占比 75%。具体情况如图 3-7 所示。

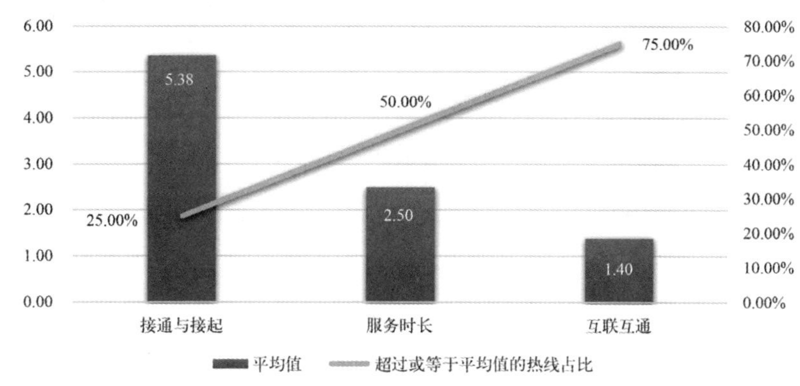

图3-7　直辖市设立的12345政务服务便民热线电话受理渠道平均值情况

3. 省会城市和计划单列市设立的12345政务服务便民热线

本次评估发现，省会城市和计划单列市设立的 12345 政务服务便民热线在电话受理渠道建设方面较好的有：太原、呼和浩特、宁波、合肥、济南、武汉、西宁、拉萨、兰州、福州、成都、昆明、银川、大连、郑州和深圳。

在省会城市和计划单列市设立的 12345 政务服务便民热线中，接通与接起平均值为 7.84，21 条热线超过平均值，占比 65.63%；服务时长平均值为 3.84，24 条热线超过平均值，占比 75%；互联互通平均值为 1.50，19 条热线超过平均值，占比 59.38%。具体情况如图 3-8 所示。

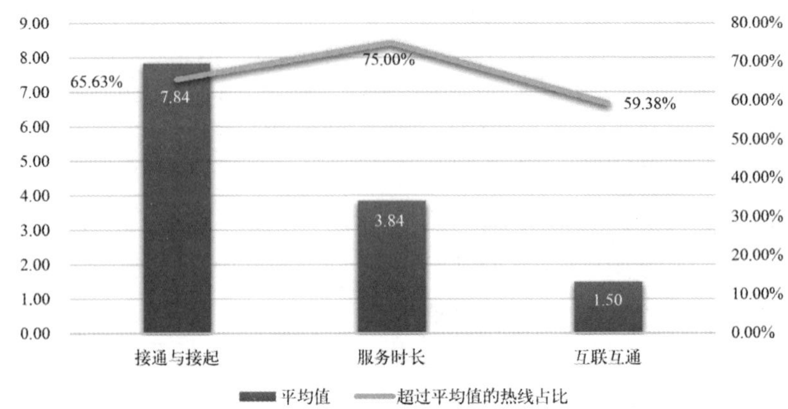

图3-8　省会城市和计划单列市设立的12345政务服务便民热线电话受理渠道平均值情况

4. 地级行政区划单位（不包含省会城市和计划单列市）设立的12345政务服务便民热线

地级行政区划单位（不包含省会城市和计划单列市）设立的12345政务服务便民热线在电话受理渠道建设方面较好的有：承德、朔州、锡林郭勒盟、朝阳、四平、大庆、南通、绍兴、淮北和莆田等。具体情况见表3–7。

在地级行政区划单位（不包含省会城市和计划单列市）设立的12345政务服务便民热线中，接通与接起平均值为7.75，156条热线超过平均值，占比53.79%；服务时长平均值为3.88，231条热线超过平均值，占比79.66%；互联互通平均值为1.51，179条热线超过平均值，占比61.72%。具体情况见图3–9所示。

表 3-7　地级行政区划单位（不包含省会城市和计划单列市）设立的 12345 政务服务便民热线电话受理渠道评估值 TOP98

序号	所在省份	评估对象	序号	所在省份	评估对象
1	河北	承德	20	福建	三明
2	山西	朔州	21	福建	南平
3	山西	吕梁	22	福建	龙岩
4	山西	晋城	23	福建	宁德
5	内蒙古	锡林郭勒盟	24	山东	济宁
6	内蒙古	巴彦淖尔	25	山东	泰安
7	辽宁	朝阳	26	山东	威海
8	吉林	四平	27	河南	新乡
9	黑龙江	大庆	28	河南	南阳
10	江苏	南通	29	湖北	荆门
11	浙江	绍兴	30	湖北	鄂州
12	浙江	衢州	31	湖北	孝感
13	浙江	丽水	32	湖北	随州
14	安徽	淮北	33	湖南	衡阳
15	安徽	淮南	34	湖南	邵阳
16	安徽	六安	35	湖南	岳阳
17	安徽	池州	36	湖南	常德
18	安徽	黄山	37	湖南	张家界
19	福建	莆田	38	湖南	怀化

续表

序号	所在省份	评估对象	序号	所在省份	评估对象
39	湖南	娄底	59	湖南	永州
40	广东	韶关	60	贵州	六盘水
41	广西	柳州	61	云南	丽江
42	广西	防城港	62	河北	唐山
43	广西	钦州	63	山西	晋中
44	四川	泸州	64	山西	阳泉
45	四川	内江	65	山西	长治
46	四川	眉山	66	山西	运城
47	四川	阿坝藏族羌族自治州	67	辽宁	葫芦岛
			68	吉林	吉林
48	陕西	铜川	69	黑龙江	伊春
49	陕西	榆林	70	江苏	连云港
50	陕西	商洛	71	安徽	蚌埠
51	甘肃	陇南	72	福建	漳州
52	宁夏	石嘴山	73	山东	淄博
53	新疆	阿克苏地区	74	山东	东营
54	内蒙古	乌兰察布	75	山东	临沂
55	辽宁	抚顺	76	河南	许昌
56	安徽	滁州	77	河南	信阳
57	安徽	宣城	78	湖北	黄石
58	山东	日照	79	湖南	益阳

续表

序号	所在省份	评估对象	序号	所在省份	评估对象
80	湖南	郴州	90	广西	来宾
81	广东	汕头	91	广西	崇左
82	广东	河源	92	四川	攀枝花
83	广东	江门	93	四川	德阳
84	广东	湛江	94	四川	达州
85	广东	茂名	95	甘肃	嘉峪关
86	广东	清远	96	甘肃	张掖
87	广东	揭阳	97	宁夏	吴忠
88	广西	贵港	98	新疆	伊犁哈萨克自治州
89	广西	贺州			

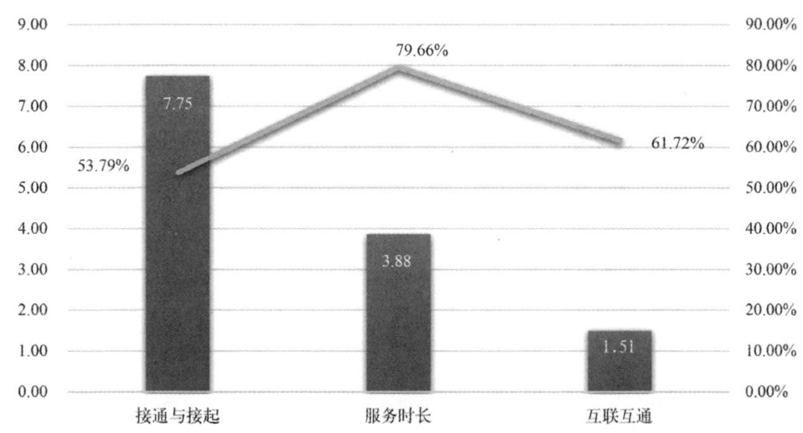

图3-9　地级行政区划单位（不包含省会城市和计划单列市）设立的12345政务服务便民热线电话受理渠道平均值情况

5. 国务院有关部门设立的政务服务便民热线

本次评估发现，国务院有关部门设立的政务服务便民热线在电话受理渠道建设方面较好的有：海关总署全国海关 12360 统一服务热线、住房和城乡建设部 12329 住房公积金热线、工业和信息化部 12381 公共服务电话、国家乡村振兴局 12317 扶贫监督举报电话、国家能源局 12398 能源监管热线、国家税务总局 12366 纳税服务热线、国家烟草局 12313 烟草市场监管服务热线、农业农村部 12316 全国农业系统公益服务电话、文化和旅游部 12318 文化市场举报电话、应急管理部 12350 全国安全生产举报投诉电话（农业农村部 12316 全国农业系统公益服务电话、文化和旅游部 12318 文化市场举报电话、应急管理部 12350 全国安全生产举报投诉电话的评估值一样，按照部委顺序排序）。

在国务院有关部门设立的政务服务便民热线中，接通与接起平均值为 7.91，9 条政务服务便民热线超过平均值，占比 33.33%；服务时长平均值为 2.41，16 条政务服务便民热线超过平均值，占比 59.26%。具体情况如图 3–10 所示。

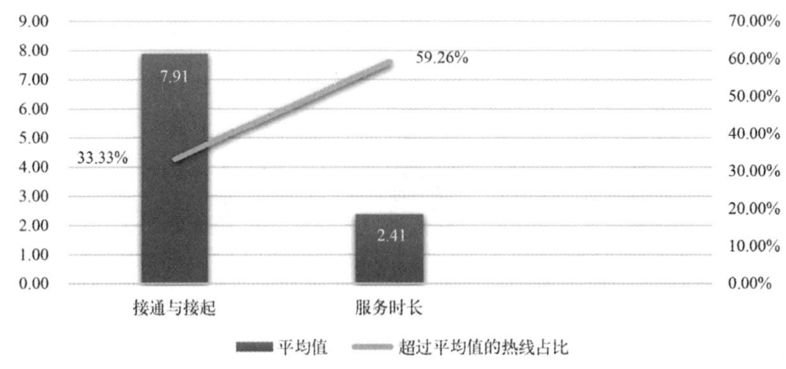

图3–10 国务院有关部门设立的政务服务便民热线电话受理渠道平均值情况

（三）互联网受理渠道

1. 直辖市以外的省级行政区划单位（不含港澳台）设立的12345政务服务便民热线

本次评估发现，直辖市以外的省级行政区划单位（不含港澳台）设立的 12345 政务服务便民热线在互联网受理渠道建设方面较好的有：广西、海南、云南、陕西、青海、宁夏、河北、江苏、安徽和江西。

在直辖市以外的省级行政区划单位（不含港澳台）设立的 12345 政务服务便民热线中，网络受理渠道数量平均值为 0.47，10 条热线超过平均值，占比 58.82%；使用指南平均值为 0.59，10 条热线超过平均值，占比 58.82%；提供自助下单平均值为 1.18，10 条热线超过平均值，占比 58.82%；提供受理进度查询平均值为 0.59，10 条热线超过平均值，占比 58.82%；及时更新信息平均值为 0.47，9 条热线超过平均值，占比 52.94%。具体情况如图 3-11 所示。

2. 直辖市设立的12345政务服务便民热线

本次评估发现，直辖市设立的 12345 政务服务便民热线在互联网受理渠道建设方面较好的有上海和天津。

在直辖市设立的 12345 政务服务便民热线中，网络受理渠道数量平均值为 0.75，3 条热线超过平均值，占比 75%；使用指南平均值为 0.75，3 条热线超过平均值，占比 75%；提供自助下单平均值为 1.5，3 条热线超过平均值，占比 75%；提供受理进度查询平均值为0.75，3条热线超过平均值，占比75%；及时更新信息平均值为0.75，3条热线超过平均值，占比75%。具体情况如图3-12所示。

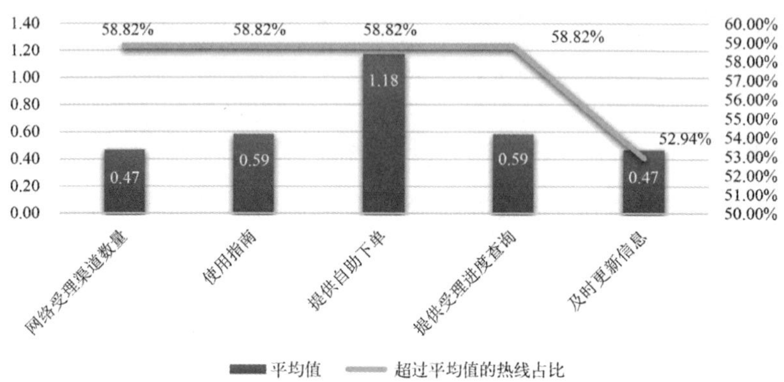

图3-11　直辖市以外的省级行政区划单位（不含港澳台）设立的12345政务服务便民热线互联网受理平均值情况

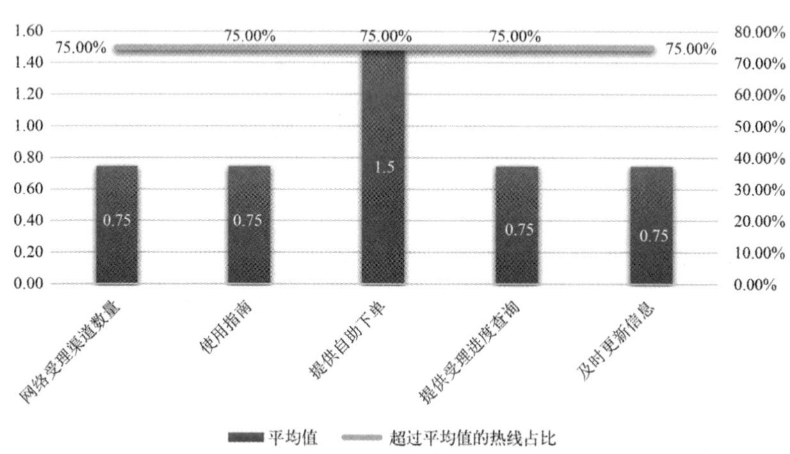

图3-12　直辖市设立的12345政务服务便民热线互联网受理平均值情况

3. 省会城市和计划单列市设立的12345政务服务便民热线

本次评估发现，省会城市和计划单列市设立的 12345 政务服务便民热线在互联网受理渠道建设方面较好的有：沈阳、南京、杭州、合肥、福州、济南、广州、海口、贵阳、西安和银川。

在省会城市和计划单列市设立的 12345 政务服务便民热线中，网络受理渠道数量平均值为 0.58，12 条热线超过平均值，占比 37.50%；使用指南平均值为 0.78，25 条热线超过平均值，占比 78.13%；提供自助下单平均值为 1.44，23 条热线超过平均值，占比 71.88%；提供受理进度查询平均值为 0.69，22 条热线超过平均值，占比 68.75%；及时更新信息平均值为 0.63，20 条热线超过平均值，占比 62.50%。具体情况如图 3-13 所示。

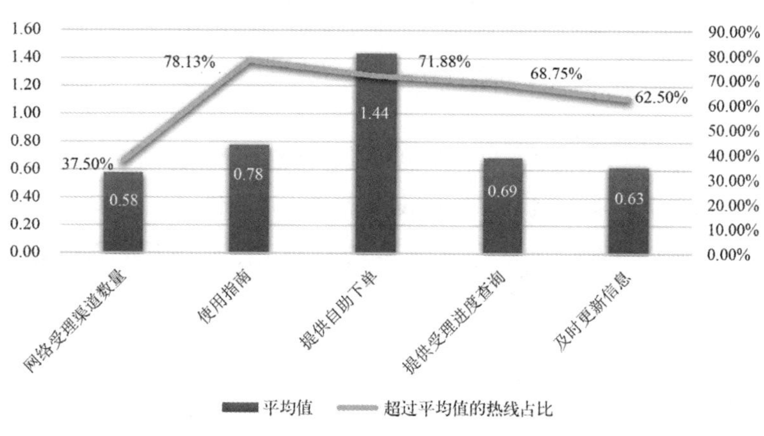

图3-13 省会城市和计划单列市设立的12345政务服务便民热线互联网受理平均值情况

4. 地级行政区划单位（不包含省会城市和计划单列市）设立的12345政务服务便民热线

地级行政区划单位（不包含省会城市和计划单列市）设立的12345政务服务便民热线在互联网受理渠道建设方面较好的有：承德、大同、巴彦淖尔、抚顺、辽源、无锡、蚌埠、三明、新余和淄博等。具体情况见表3-8。

在地级行政区划单位（不包含省会城市和计划单列市）设立的12345政务服务便民热线中，网络受理渠道数量平均值为0.39，145条热线超过平均值，占比50%；使用指南平均值为0.47，137条热线超过平均值，占比47.24%；提供自助下单平均值为0.94，136条热线超过平均值，占比46.90%；提供受理进度查询平均值为0.46，132条热线超过平均值，占比45.52%；及时更新信息平均值为0.40，117条热线超过平均值，占比40.34%。具体情况如图3-14所示。

表3-8 地级行政区划单位（不包含省会城市和计划单列市）设立的12345政务服务便民热线互联网受理渠道评估值TOP106

序号	所在省份	评估对象	序号	所在省份	评估对象
1	河北	承德	7	辽宁	葫芦岛
2	河北	唐山	8	吉林	辽源
3	山西	大同	9	吉林	延边朝鲜族自治州
4	山西	朔州			
5	内蒙古	巴彦淖尔	10	江苏	无锡
6	辽宁	抚顺	11	江苏	徐州

续表

序号	所在省份	评估对象	序号	所在省份	评估对象
12	江苏	常州	33	山东	烟台
13	江苏	苏州	34	山东	潍坊
14	江苏	南通	35	山东	临沂
15	江苏	连云港	36	山东	聊城
16	江苏	镇江	37	河南	三门峡
17	江苏	泰州	38	河南	商丘
18	安徽	蚌埠	39	河南	驻马店
19	安徽	芜湖	40	湖北	襄阳
20	福建	三明	41	湖北	鄂州
21	福建	泉州	42	湖北	随州
22	福建	漳州	43	湖北	恩施土家族苗族自治州
23	福建	南平			
24	福建	龙岩	44	湖南	株洲
25	福建	宁德	45	湖南	岳阳
26	江西	新余	46	广东	汕头
27	江西	吉安	47	广东	佛山
28	江西	赣州	48	广东	河源
29	江西	抚州	49	广东	东莞
30	江西	宜春	50	广东	中山
31	山东	淄博	51	广东	江门
32	山东	东营	52	广东	湛江

续表

序号	所在省份	评估对象	序号	所在省份	评估对象
53	广东	茂名	74	甘肃	天水
54	广东	肇庆	75	甘肃	临夏回族自治州
55	广东	清远	76	宁夏	石嘴山
56	广西	柳州	77	新疆	巴音郭楞蒙古自治州
57	广西	贵港			
58	广西	贺州	78	河北	张家口
59	四川	自贡	79	河北	衡水
60	四川	攀枝花	80	河北	邯郸
61	四川	泸州	81	山西	吕梁
62	四川	遂宁	82	山西	长治
63	四川	南充	83	山西	临汾
64	四川	宜宾	84	内蒙古	包头
65	四川	巴中	85	内蒙古	通辽
66	四川	眉山	86	内蒙古	鄂尔多斯
67	四川	阿坝藏族羌族自治州	87	内蒙古	乌海
			88	江苏	淮安
68	四川	凉山彝族自治州	89	江苏	扬州
69	贵州	遵义	90	江苏	宿迁
70	陕西	宝鸡	91	山东	威海
71	陕西	咸阳	92	山东	滨州
72	陕西	渭南	93	河南	鹤壁
73	陕西	延安	94	广东	潮州

续表

序号	所在省份	评估对象	序号	所在省份	评估对象
95	广东	揭阳	101	陕西	汉中
96	海南	三亚	102	甘肃	金昌
97	四川	德阳	103	甘肃	武威
98	四川	内江	104	甘肃	平凉
99	四川	雅安	105	宁夏	吴忠
100	贵州	安顺	106	宁夏	固原

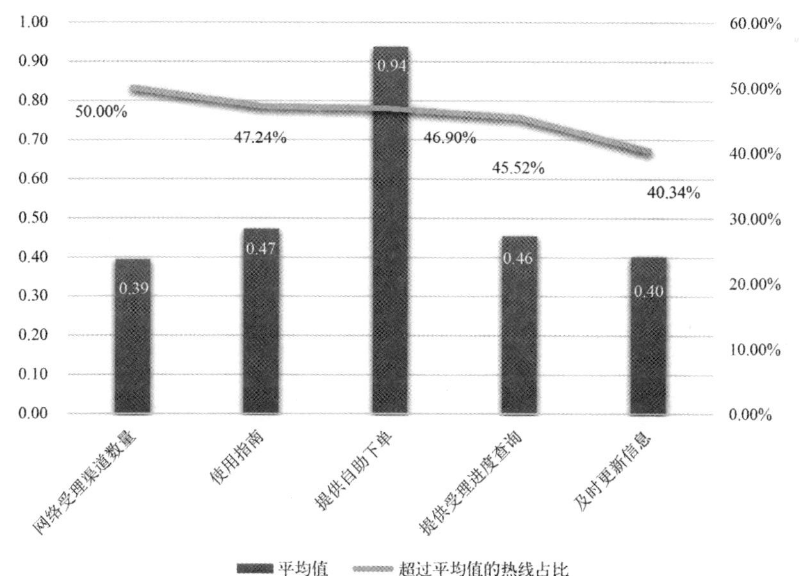

图3-14 地级行政区划单位（不包含省会城市和计划单列市）设立的12345政务服务便民热线互联网受理平均值情况

5. 国务院有关部门设立的政务服务便民热线

本次评估发现，国务院有关部门设立的政务服务便民热线在互联网受理渠道建设方面较好的有：工业和信息化部 12321 网络不良与垃圾信息举报电话、司法部 12348 全国公共法律服务专用电话、交通运输部 12328 交通运输服务监督电话、水利部 12314 监督举报服务电话、国家税务总局 12366 纳税服务热线、中国民用航空局 12326 民航服务质量监督电话、国家邮政局 12305 全国邮政业用户申诉电话、中国共产主义青年团中央委员会 12355 青少年心理咨询和法律援助热线电话、海关总署全国海关 12360 统一服务热线（工业和信息化部 12321 网络不良与垃圾信息举报电话、司法部 12348 全国公共法律服务专用电话、交通运输部 12328 交通运输服务监督电话、水利部 12314 监督举报服务电话、国家税务总局 12366 纳税服务热线、中国民用航空局 12326 民航服务质量监督电话、国家邮政局 12305 全国邮政业用户申诉电话、中国共产主义青年团中央委员会 12355 青少年心理咨询和法律援助热线电话的评估值一样，按照部委顺序排序）。

在国务院有关部门设立的政务服务便民热线中，网络受理渠道数量平均值为 0.50，12 条政务服务便民热线超过平均值，占比 44.44%；使用指南平均值为 0.56，15 条政务服务便民热线超过平均值，占比 55.56%；提供自助下单平均值为 1.11，15 条政务服务便民热线超过平均值，占比 55.56%；提供受理进度查询平均值为 0.44，12 条政务服务便民热线超过平均值，占比 44.44%；及时更新信息平均值为 0.44，12 条政务服务便民热线超过平均值，占比 44.44%。具体情况如图 3–15 所示。

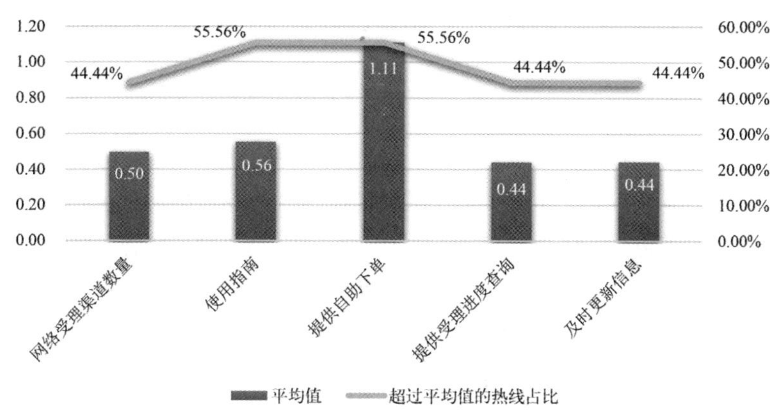

图3-15 国务院有关部门设立的政务服务便民热线互联网受理平均值情况

（四）电话接听基本礼仪

1. 直辖市以外的省级行政区划单位（不含港澳台）设立的12345政务服务便民热线

本次评估发现，直辖市以外的省级行政区划单位（不含港澳台）设立的 12345 政务服务便民热线在电话接听基本礼仪方面较好的有：河北、辽宁、吉林、山东、海南、四川、贵州、云南、陕西、青海和宁夏。

在直辖市以外的省级行政区划单位（不含港澳台）设立的 12345 政务服务便民热线中，发音语调平均值为 4.82，14 条热线超过平均值，占比 82.35%；等待时间的回应平均值为 4.62，13 条热线超过平均值，占比 76.47%；结束部分平均值为 4.71，13 条热线超过平均值，占比 76.47%；整体用语平均值为 4.85，14 条热线超

过平均值，占比 82.35%。具体情况如图 3–16 所示。

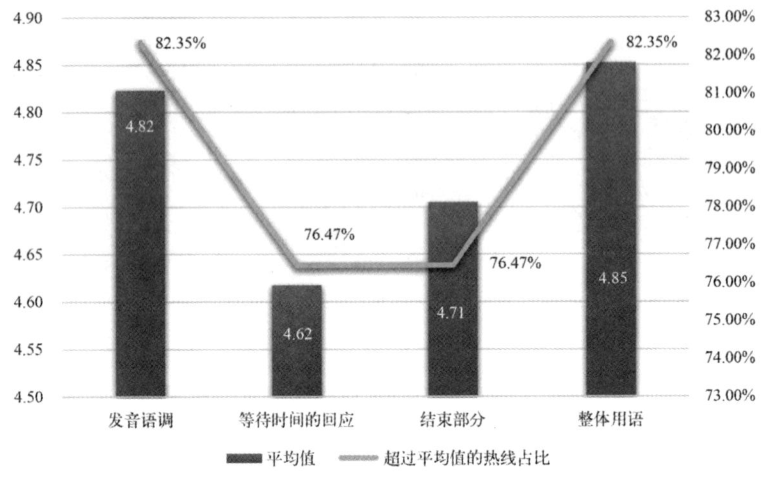

图3–16　直辖市以外的省级行政区划单位（不含港澳台）设立的12345政务服务便民热线基本礼仪平均值情况

2. 直辖市设立的12345政务服务便民热线

本次评估发现，直辖市设立的 12345 政务服务便民热线在电话接听基本礼仪方面较好的有上海和北京。

在直辖市设立的 12345 政务服务便民热线中，发音语调平均值为 5，4 条热线超过平均值，占比 100%；等待时间的回应平均值为 4.88，4 条热线超过平均值，占比 100%；结束部分平均值为 5，4 条热线超过平均值，占比 100%；整体用语平均值为 4.88，2 条热线超过或等于平均值，占比 50%。具体情况如图 3–17 所示。

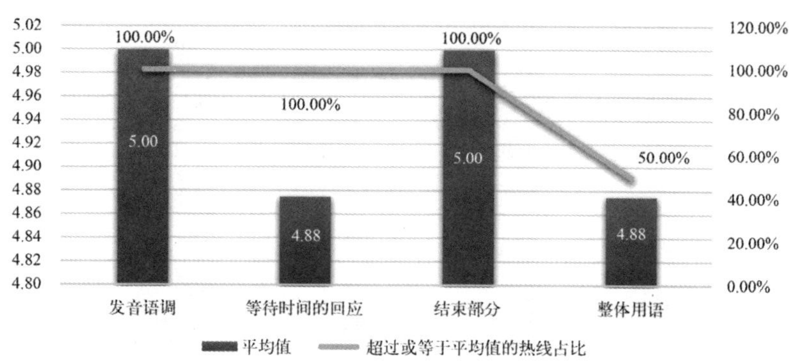

图3-17　直辖市设立的12345政务服务便民热线基本礼仪平均值情况

3. 省会城市和计划单列市设立的12345政务服务便民热线

本次评估发现，省会城市和计划单列市设立的 12345 政务服务便民热线在电话接听基本礼仪方面有 21 条热线评估值一样，太原、大连、合肥、郑州、广州、海口、拉萨紧随其后，长沙、呼和浩特、哈尔滨、杭州还有可提升的空间。在省会城市和计划单列市设立的 12345 政务服务便民热线中，发音语调平均值为 4.98，29 条热线超过平均值，占比 90.63%；等待时间的回应平均值为 4.97，31 条热线超过平均值，占比 96.88%；结束部分平均值为 4.78，22 条热线超过平均值，占比 68.75%；整体用语平均值为 4.98，30 条热线超过平均值，占比 93.75%。具体情况如图 3-18 所示。

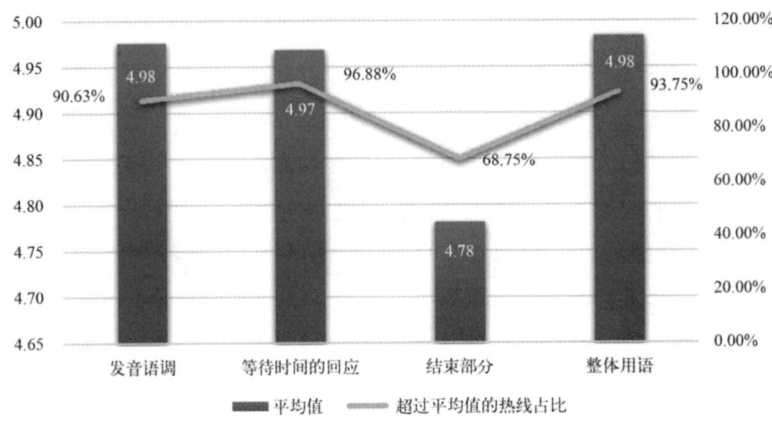

图3-18　省会城市和计划单列市设立的12345政务服务便民热线基本礼仪平均值情况

4. 地级行政区划单位（不包含省会城市和计划单列市）设立的12345政务服务便民热线

本次评估发现，地级行政区划单位（不包含省会城市和计划单列市）设立的 12345 政务服务便民热线在电话接听基本礼仪方面较好的有：泰安、大庆、内江、承德、大同、锡林郭勒盟、辽源、南通、绍兴和黄山等。具体情况见表 3-9。

在地级行政区划单位（不包含省会城市和计划单列市）设立的 12345 政务服务便民热线中，发音语调平均值为 4.59，158 条热线超过平均值，占比 54.48%；等待时间的回应平均值为 4.38，156 条热线超过平均值，占比 53.79%；结束部分平均值为 4.46，161 条热线超过平均值，占比 55.52%；整体用语平均值为 4.79，151 条热线超过平均值，占比 52.07%。具体情况如图 3-19 所示。

表 3-9 地级行政区划单位（不包含省会城市和计划单列市）设立的 12345 政务服务便民热线电话接听基本礼仪评估值 TOP102

序号	所在省份	评估对象	序号	所在省份	评估对象
1	山东	泰安	21	山东	淄博
2	黑龙江	大庆	22	山东	枣庄
3	四川	内江	23	山东	烟台
4	河北	承德	24	山东	潍坊
5	河北	秦皇岛	25	山东	济宁
6	河北	唐山	26	山东	日照
7	河北	保定	27	山东	临沂
8	山西	大同	28	山东	聊城
9	内蒙古	锡林郭勒盟	29	河南	濮阳
10	内蒙古	阿拉善盟	30	河南	商丘
11	吉林	辽源	31	湖北	恩施土家族苗族自治州
12	江苏	南通			
13	浙江	绍兴	32	湖南	衡阳
14	浙江	衢州	33	湖南	邵阳
15	安徽	黄山	34	湖南	常德
16	福建	三明	35	湖南	湘西土家族苗族自治州
17	福建	南平			
18	福建	龙岩	36	广东	汕头
19	福建	宁德	37	广东	韶关
20	江西	抚州	38	广东	梅州

续表

序号	所在省份	评估对象	序号	所在省份	评估对象
39	广东	茂名	57	云南	西双版纳傣族自治州
40	广东	清远			
41	广西	钦州	58	云南	大理白族自治州
42	广西	河池	59	云南	德宏傣族景颇族自治州
43	海南	三亚			
44	四川	攀枝花	60	云南	怒江傈僳族自治州
45	四川	绵阳			
46	四川	南充	61	云南	迪庆藏族自治州
47	四川	眉山	62	西藏	山南
48	四川	阿坝藏族羌族自治州	63	陕西	商洛
			64	甘肃	庆阳
49	四川	甘孜藏族自治州	65	甘肃	临夏回族自治州
50	四川	凉山彝族自治州	66	新疆	伊犁哈萨克自治州
51	贵州	黔东南苗族侗族自治州	67	新疆	阿勒泰地区
			68	新疆	昌吉回族自治州
52	云南	曲靖	69	辽宁	鞍山
53	云南	玉溪	70	吉林	通化
54	云南	保山	71	黑龙江	牡丹江
55	云南	楚雄彝族自治州	72	江苏	常州
56	云南	文山壮族苗族自治州	73	江苏	扬州
			74	福建	泉州

续表

序号	所在省份	评估对象	序号	所在省份	评估对象
75	山东	菏泽	89	山东	滨州
76	广东	潮州	90	河南	南阳
77	广西	防城港	91	湖北	襄阳
78	贵州	安顺	92	湖北	十堰
79	陕西	咸阳	93	湖南	湘潭
80	陕西	汉中	94	广东	汕尾
81	新疆	阿克苏地区	95	贵州	黔南布依族苗族自治州
82	山西	朔州			
83	内蒙古自治区	通辽	96	贵州	黔西南布依族苗族自治州
84	辽宁	盘锦	97	宁夏	石嘴山
85	吉林	白山	98	辽宁	阜新
86	吉林	延边朝鲜族自治州	99	安徽	蚌埠
			100	福建	莆田
87	黑龙江	七台河	101	广东	河源
88	江苏	苏州	102	广西	崇左

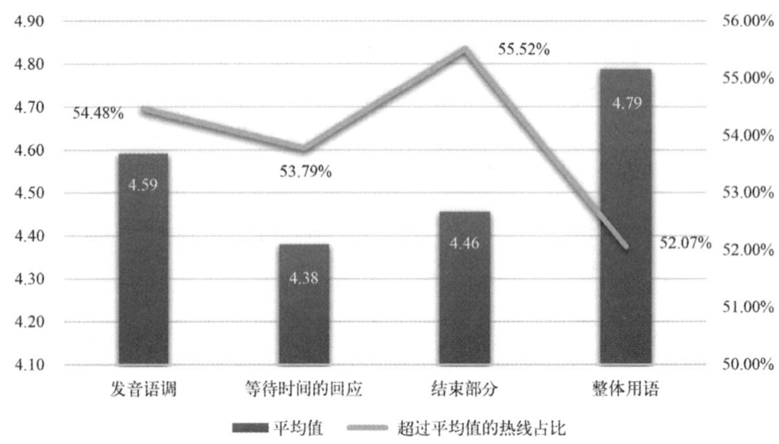

图3-19　地级行政区划单位（不包含省会城市和计划单列市）设立的12345政务服务便民热线基本礼仪平均值情况

5. 国务院有关部门设立的政务服务便民热线

本次评估发现，国务院有关部门设立的政务服务便民热线在电话接听基本礼仪方面较好的有：工业和信息化部 12381 公共服务电话、司法部 12348 全国公共法律服务专用电话、交通运输部 12328 交通运输服务监督电话、国家卫生健康委员会 12320 公共卫生公益电话、海关总署全国海关 12360 统一服务热线、国家税务总局 12366 纳税服务热线、中国证券监督管理委员会 12386 中国证监会热线、中国残疾人联合会 12385 全国残疾人服务热线、国家乡村振兴局 12317 扶贫监督举报电话（9 条热线评估值一样，按照部委顺序排序）。

在国务院有关部门设立的政务服务便民热线中，发音语调平均值为 4.75，19 条政务服务便民热线超过平均值，占比 70.37%；等待时间的回应平均值为 3.76，21 条政务服务便民热线超过平均值，占比 77.78%；结束部分平均值为 4.56，18 条政务服务便民热线超过平均值，占比 66.67%；整体用语平均值为 4.53，17 条政务服务便民热线超过平均值，占比 62.96%。具体情况如图 3-20 所示。

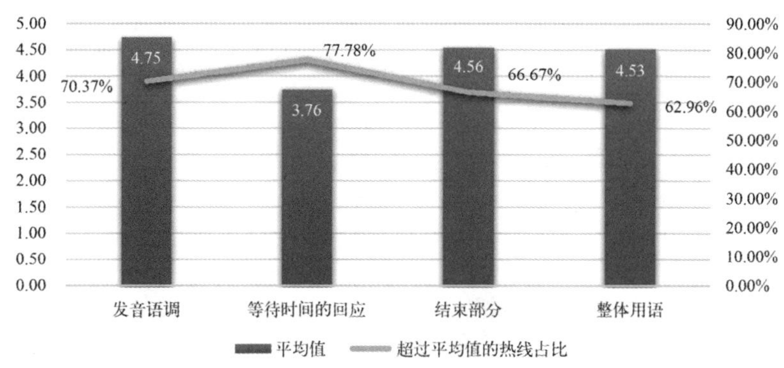

图3-20　国务院有关部门设立的政务服务便民热线基本礼仪平均值情况

（五）电话接听沟通能力

1. 直辖市以外的省级行政区划单位（不含港澳台）设立的12345政务服务便民热线

本次评估发现，直辖市以外的省级行政区划单位（不含港澳台）设立的 12345 政务服务便民热线在电话接听沟通能力方面较好的有：山东、广西、四川、贵州、云南、陕西、青海、宁夏、河北、山西和江苏。

在直辖市以外的省级行政区划单位（不含港澳台）设立的 12345 政务服务便民热线中，倾听能力平均值为 4.78，11 条热线超过平均值，占比 64.71%；询问引导能力平均值为 4.61，12 条热线超过平均值，占比 70.59%；表达能力（易听）平均值为 4.65，10 条热线超过平均值，占比 58.82%；交谈方法平均值为 4.82，13 条热线超过平均值，占比 76.47%；说话方式（易懂）平均值为 4.71，9 条热线超过平均值，占比 52.94%；语言的组织平均值为 4.71，11 条热线超过平均值，占比 64.71%。具体情况如图 3–21 所示。

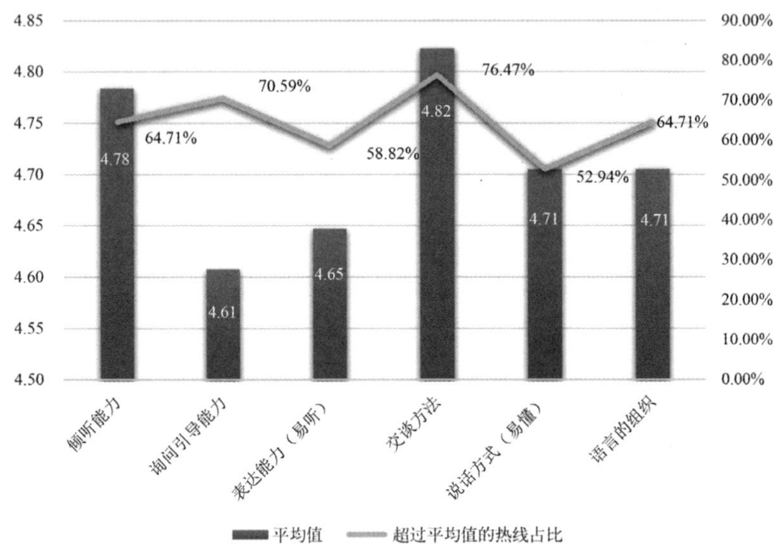

图3–21　直辖市以外的省级行政区划单位（不含港澳台）设立的12345政务服务便民热线沟通能力平均值情况

2. 直辖市设立的12345政务服务便民热线

本次评估发现，直辖市设立的 12345 政务服务便民热线在电话接听沟通能力方面较好的有上海和北京。

在直辖市设立的 12345 政务服务便民热线中，倾听能力平均值为 4.67，2 条热线超过平均值，占比 50%；询问引导能力平均值为 4.75，3 条热线超过平均值，占比 75%；表达能力（易听）平均值为 4.81，

1 条热线超过平均值，占比 25%；交谈方法平均值为 4.88，3 条热线超过平均值，占比 75%；说话方式（易懂）平均值为 4.92，3 条热线超过平均值，占比 75%；语言的组织平均值为 4.50，2 条热线超过平均值，占比 50%。具体情况如图 3-22 所示。

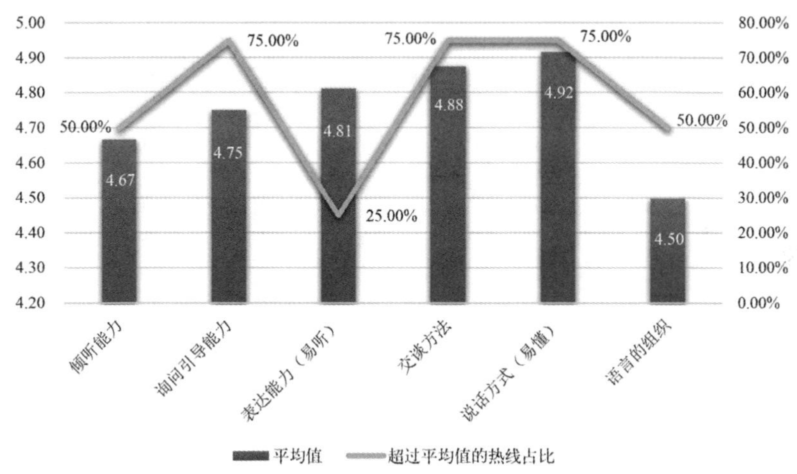

图3-22　直辖市设立的12345政务服务便民热线沟通能力平均值情况

3. 省会城市和计划单列市设立的12345政务服务便民热线

本次评估发现，省会城市和计划单列市设立的 12345 政务服务便民热线在电话接听沟通能力方面，有 27 条热线评估值一样。长沙、海口、兰州、西安、合肥还有可提高空间。

在省会城市和计划单列市设立的 12345 政务服务便民热线中，倾听能力平均值为 4.94，29 条热线超过平均值，占比 90.63%；询问引导能力平均值为 4.93，29 条热线超过平均值，占比 90.63%；表达能力（易听）平均值为 4.94，29 条热线超过平均值，占比 90.63%；

交谈方法平均值为4.95，29条热线超过平均值，占比90.63%；说话方式（易懂）平均值为4.96，30条热线超过平均值，占比93.75%；语言的组织平均值为4.97，30条热线超过平均值，占比93.75%。具体情况如图3-23所示。

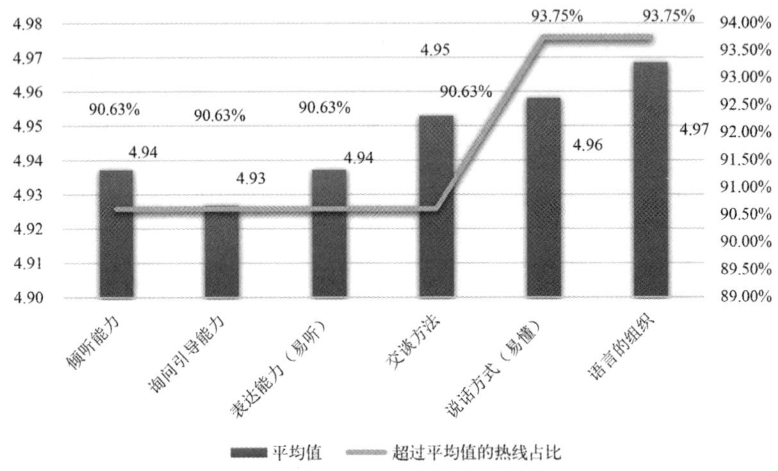

图3-23　省会城市和计划单列市设立的12345政务服务便民热线沟通能力平均值情况

4. 地级行政区划单位（不包含省会城市和计划单列市）设立的12345政务服务便民热线

本次评估发现，地级行政区划单位（不包含省会城市和计划单列市）设立的12345政务服务便民热线在电话接听沟通能力方面较好的有：承德、朔州、通辽、朝阳、四平、双鸭山、无锡、绍兴、蚌埠和莆田等。具体情况见表3-10。

在地级行政区划单位（不包含省会城市和计划单列市）设立的12345政务服务便民热线中，倾听能力平均值为4.56，160条热线超过平均值，占比 55.17%；询问引导能力平均值为 4.49，146 条热线超过平均值，占比 50.34%；表达能力（易听）平均值为 4.49，151 条热线超过平均值，占比 52.07%；交谈方法平均值为 4.71，142 条热线超过平均值，占比 48.97%；说话方式（易懂）平均值为 4.62，163 条热线超过平均值，占比 56.21%；语言的组织平均值为 4.52，150 条热线超过平均值，占比 51.72%。具体情况如图 3–24 所示。

表 3–10　地级行政区划单位（不包含省会城市和计划单列市）设立的 12345 政务服务便民热线电话接听沟通能力评估值 TOP102

序号	所在省份	评估对象	序号	所在省份	评估对象
1	河北	承德	14	黑龙江	双鸭山
2	河北	秦皇岛	15	黑龙江	七台河
3	河北	唐山	16	江苏	无锡
4	河北	保定	17	江苏	常州
5	河北	邯郸	18	江苏	苏州
6	山西	朔州	19	江苏	南通
7	内蒙古	通辽	20	浙江	绍兴
8	内蒙古	锡林郭勒盟	21	浙江	衢州
9	内蒙古	阿拉善盟	22	浙江	台州
10	辽宁	朝阳	23	安徽	蚌埠
11	辽宁	盘锦	24	安徽	黄山
12	吉林	四平	25	福建	莆田
13	吉林	延边朝鲜族自治州	26	福建	三明

续表

序号	所在省份	评估对象	序号	所在省份	评估对象
27	福建	泉州	48	湖北	黄石
28	福建	南平	49	湖北	十堰
29	福建	龙岩	50	湖北	咸宁
30	福建	宁德	51	湖北	恩施土家族苗族自治州
31	江西	上饶	52	湖南	衡阳
32	江西	抚州	53	湖南	湘潭
33	山东	淄博	54	湖南	邵阳
34	山东	枣庄	55	湖南	湘西土家族苗族自治州
35	山东	烟台	56	广东	汕头
36	山东	潍坊	57	广东	韶关
37	山东	济宁	58	广东	梅州
38	山东	威海	59	广东	汕尾
39	山东	日照	60	广东	江门
40	河南	平顶山	61	广东	茂名
41	河南	新乡	62	广东	清远
42	河南	濮阳	63	广西	钦州
43	河南	许昌	64	广西	河池
44	河南	三门峡	65	四川	攀枝花
45	河南	南阳	66	四川	绵阳
46	河南	商丘	67	四川	遂宁
47	湖北	襄阳			

续表

序号	所在省份	评估对象	序号	所在省份	评估对象
68	四川	内江	85	云南	怒江傈僳族自治州
69	四川	南充	86	云南	迪庆藏族自治州
70	四川	达州	87	西藏	山南
71	四川	眉山	88	西藏	阿里地区
72	四川	阿坝藏族羌族自治州	89	陕西	宝鸡
73	四川	甘孜藏族自治州	90	陕西	商洛
74	四川	凉山彝族自治州	91	甘肃	天水
75	贵州	黔东南苗族侗族自治州	92	甘肃	庆阳
76	贵州	黔西南布依族苗族自治州	93	甘肃	临夏回族自治州
77	云南	曲靖	94	青海	玉树藏族自治州
78	云南	玉溪	95	宁夏	石嘴山
79	云南	保山	96	新疆	伊犁哈萨克自治州
80	云南	红河哈尼族彝族自治州	97	新疆	阿勒泰地区
81	云南	文山壮族苗族自治州	98	新疆	博尔塔拉蒙古自治州
82	云南	西双版纳傣族自治州	99	新疆	昌吉回族自治州
83	云南	大理白族自治州	100	新疆	巴音郭楞蒙古自治州
84	云南	德宏傣族景颇族自治州	101	新疆	阿克苏地区
			102	新疆	克孜勒苏柯尔克孜自治州

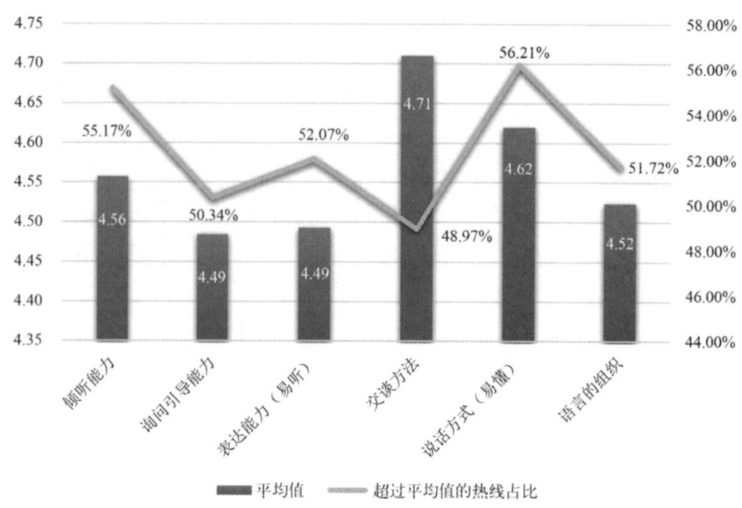

图3-24　地级行政区划单位（不包含省会城市和计划单列市）设立的12345政务服务便民热线沟通能力平均值情况

5. 国务院有关部门设立的政务服务便民热线

本次评估发现，国务院有关部门设立的政务服务便民热线在电话接听沟通能力方面较好的有：交通运输部 12328 交通运输服务监督电话、国家税务总局 12366 纳税服务热线、中国证券监督管理委员会 12386 中国证监会热线、中国残疾人联合会 12385 全国残疾人服务热线、文化和旅游部 12318 文化市场举报电话、司法部 12348 全国公共法律服务专用电话、人力资源和社会保障部 12333 全国人力资源和劳动保障服务电话、国家卫生健康委员会 12320 公共卫生公益电话、海关总署全国海关 12360 统一服务热线、应急管理部 12350 全国安全生产举报投诉电话（交通运输部 12328 交通运输服务监督电话、国家税务总局 12366 纳税服务热线、中国证券监督管理委员会 12386 中国证监会热线、中国残疾人联合会 12385 全国残疾人服务热线的评估值一样，按照部委顺序排序；司法部 12348 全国公共法律服务专用电话、人力资源和社会保障部 12333 全国人力资源和劳动保障服务电话、国家卫生健康委员会 12320 公共卫生公益电话、海关总署全国海关 12360 统一服务热线的评估值一样，按照部委顺序排序）。

在国务院有关部门设立的政务服务便民热线中，倾听能力平均值为 4.52，15 条政务服务便民热线超过平均值，占比 55.56%；询问引导能力平均值为 4.44，16 条政务服务便民热线超过平均值，占比 59.26%；表达能力（易听）平均值为 4.50，16 条政务服务便民热线超过平均值，占比 59.26%；交谈方法平均值为 4.70，18 条政务服务便民热线超过平均值，占比 66.67%；说话方式（易懂）平均值为 4.65，18 条政务服务便民热线超过平均值，占比 66.67%；语言的组织平均值为 4.70，17 条政务服务便民热线超过平均值，占比 62.96%。具体情况如图 3-25 所示。

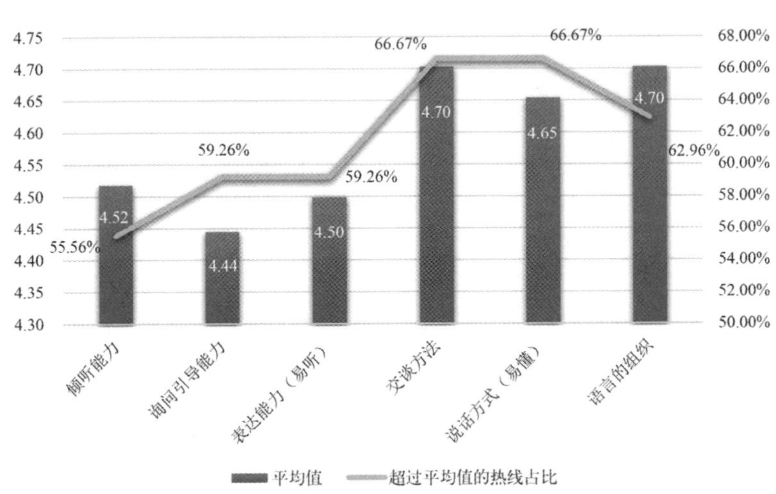

图3-25　国务院有关部门设立的政务服务便民热线沟通能力平均值情况

（六）电话接听业务能力

1. 直辖市以外的省级行政区划单位（不含港澳台）设立的12345政务服务便民热线

本次评估发现，直辖市以外的省级行政区划单位（不含港澳台）设立的 12345 政务服务便民热线在电话接听业务能力方面较好的有：青海、江苏、河北、贵州、山东、四川、云南、陕西和宁夏。

在直辖市以外的省级行政区划单位（不含港澳台）设立的 12345 政务服务便民热线中，业务知识平均值为 4.12，3 条热线超过平均值，占比 17.65%；执行能力平均值为 4.24，4 条热线超过平均值，占比 23.53%。具体情况如图 3–26 所示。

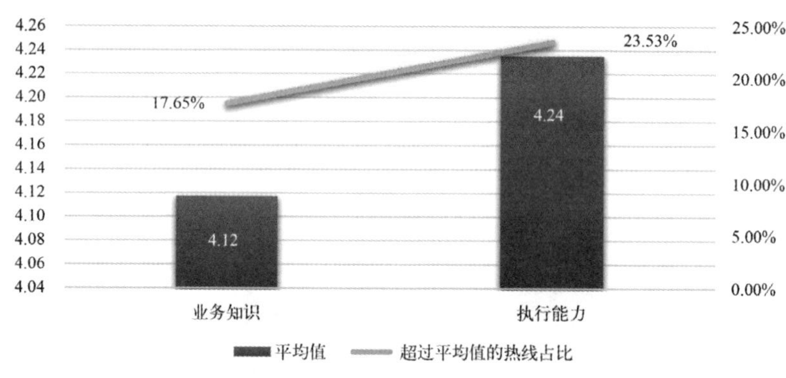

图3–26　直辖市以外的省级行政区划单位（不含港澳台）设立的12345政务服务便民热线业务能力平均值情况

2. 直辖市设立的12345政务服务便民热线

本次评估发现，直辖市设立的 12345 政务服务便民热线在电话接听业务能力方面较好的有天津和北京。

在直辖市设立的 12345 政务服务便民热线中，业务知识平均值为 4.20，1 条热线超过平均值，占比 25%；执行能力平均值为 3.33，4 条热线超过或等于平均值，占比 100%。具体情况如图 3-27 所示。

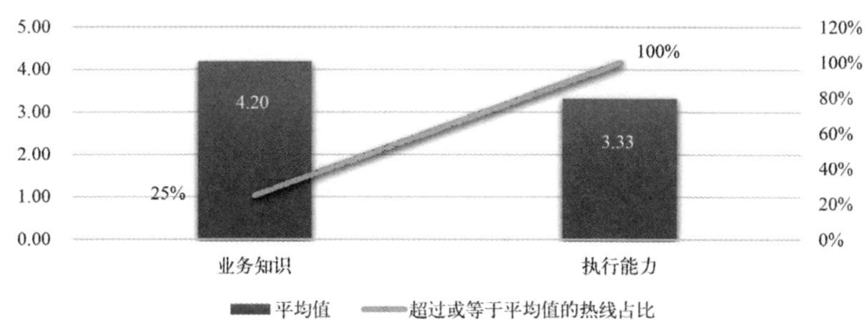

图3-27　直辖市设立的12345政务服务便民热线业务能力平均值情况

3. 省会城市和计划单列市设立的12345政务服务便民热线

本次评估发现，省会城市和计划单列市设立的 12345 政务服务便民热线在电话接听业务能力方面，武汉、合肥、银川、大连评估值较好，其他 22 条热线紧随其后，长沙、海口、兰州、长春、广州和贵阳还有可提高空间。

在省会城市和计划单列市设立的12345政务服务便民热线中，业务知识平均值为5.95，27条热线超过平均值，占比84.38%；执行能力平均值为9.06，27条热线超过平均值，占比84.38%。具体情况如图3-28所示。

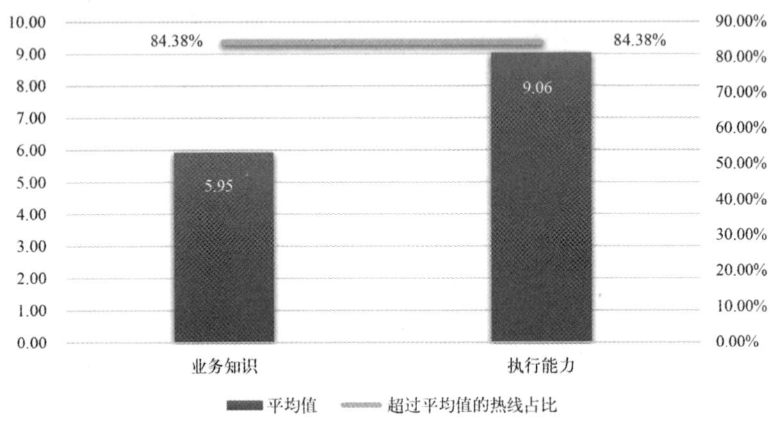

图3-28　省会城市和计划单列市设立的12345政务服务便民热线业务能力平均值情况

4. 地级行政区划单位（不包含省会城市和计划单列市）设立的12345政务服务便民热线

本次评估发现，地级行政区划单位（不包含省会城市和计划单列市）设立的12345政务服务便民热线在电话接听业务能力方面较好的有：承德、遂宁、阿克苏地区、贺州、烟台、潮州、安顺、台州、广安和延安等。具体情况见表3-11。

表 3-11　地级行政区划单位（不包含省会城市和计划单列市）设立的 12345 政务服务便民热线电话接听业务能力评估值 TOP99

序号	所在省份	评估对象	序号	所在省份	评估对象
1	河北	承德	18	河北	唐山
2	四川	遂宁	19	河北	保定
3	四川	阿坝藏族羌族自治州	20	河北	邯郸
			21	山西	朔州
4	新疆	阿克苏地区	22	内蒙古	锡林郭勒盟
5	广西	贺州	23	辽宁	盘锦
6	山东	烟台	24	吉林	四平
7	广东	潮州	25	吉林	延边朝鲜族自治州
8	贵州	安顺			
9	浙江	台州	26	黑龙江	双鸭山
10	四川	广安	27	黑龙江	七台河
11	陕西	延安	28	黑龙江	大兴安岭地区
12	广西	贵港	29	江苏	苏州
13	内蒙古	通辽	30	江苏	南通
14	安徽	黄山	31	浙江	绍兴
15	四川	广元	32	浙江	衢州
16	广东	河源	33	福建	莆田
17	河北	秦皇岛	34	福建	三明

续表

序号	所在省份	评估对象
35	福建	泉州
36	福建	南平
37	福建	宁德
38	山东	日照
39	河南	平顶山
40	河南	濮阳
41	河南	三门峡
42	河南	南阳
43	河南	商丘
44	湖北	十堰
45	湖北	恩施土家族苗族自治州
46	湖南	邵阳
47	广东	汕头
48	广东	韶关
49	广东	梅州
50	广东	汕尾
51	广东	茂名
52	广东	清远
53	广西	钦州
54	广西	河池
55	四川	攀枝花
56	四川	绵阳
57	四川	内江
58	四川	南充
59	四川	眉山
60	四川	甘孜藏族自治州
61	贵州	黔东南苗族侗族自治州
62	贵州	黔南布依族苗族自治州
63	贵州	黔西南布依族苗族自治州
64	云南	曲靖
65	云南	楚雄彝族自治州
66	云南	红河哈尼族彝族自治州
67	云南	文山壮族苗族自治州

续表

序号	所在省份	评估对象
68	云南	西双版纳傣族自治州
69	云南	大理白族自治州
70	云南	德宏傣族景颇族自治州
71	云南	怒江傈僳族自治州
72	云南	迪庆藏族自治州
73	西藏	山南
74	西藏	阿里地区
75	陕西	商洛
76	甘肃	庆阳
77	甘肃	临夏回族自治州
78	青海	黄南藏族自治州
79	青海	果洛藏族自治州
80	青海	玉树藏族自治州
81	宁夏	石嘴山
82	新疆	伊犁哈萨克自治州
83	新疆	阿勒泰地区
84	新疆	博尔塔拉蒙古自治州
85	新疆	昌吉回族自治州
86	新疆	巴音郭楞蒙古自治州
87	新疆	克孜勒苏柯尔克孜自治州
88	内蒙古	阿拉善盟
89	黑龙江	鸡西
90	湖南	湘西土家族苗族自治州
91	西藏	昌都
92	四川	自贡
93	四川	凉山彝族自治州
94	辽宁	朝阳
95	湖南	岳阳
96	山西	吕梁
97	江苏	盐城
98	河南	许昌
99	广东	佛山

在地级行政区划单位（不包含省会城市和计划单列市）设立的12345政务服务便民热线中，业务知识平均值为4.95，144条热线超过平均值，占比49.66%；执行能力平均值为5.87，140条热线超过平均值，占比48.28%。具体情况如图3–29所示。

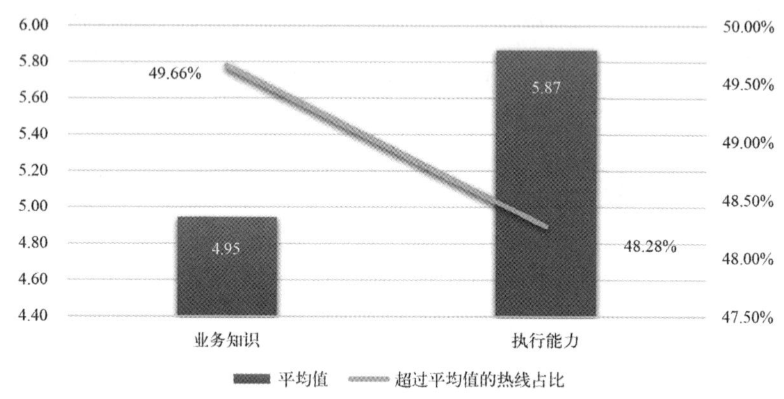

图3–29　地级行政区划单位（不包含省会城市和计划单列市）设立的12345政务服务便民热线业务能力平均值情况

5. 国务院有关部门设立的政务服务便民热线

本次评估发现，国务院有关部门设立的政务服务便民热线在电话接听业务能力方面，应急管理部12350全国安全生产举报投诉电话、工业和信息化部12381公共服务电话较好以外，其他热线都还有较大的提升空间（除应急管理部12350全国安全生产举报投诉电话、工业和信息化部12381公共服务电话以外，其他热线在电话接听业务能力方面的评估值均较低）。

在国务院有关部门设立的政务服务便民热线中，业务知识平均值为 3.69，15 条政务服务便民热线超过平均值，占比 55.56%；执行能力平均值为 3.65，2 条政务服务便民热线超过平均值，占比 7.41%。具体情况如图 3-30 所示。

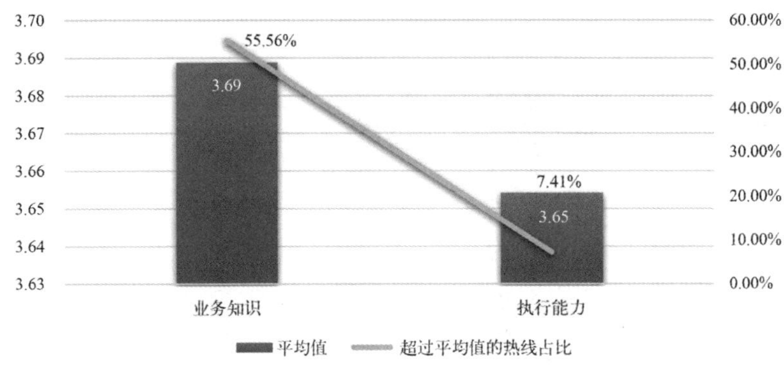

图3-30 国务院有关部门设立的政务服务便民热线业务能力平均值情况

（七）宣传推广

1. 直辖市以外的省级行政区划单位（不含港澳台）设立的12345政务服务便民热线

本次评估发现，直辖市以外的省级行政区划单位（不含港澳台）设立的 12345 政务服务便民热线更注重对热线进行宣传和推广的有：山西、江苏、安徽、江西、广西、海南、四川、贵州、云南、陕西和宁夏（11 条热线得分相同，按照行政区划顺序排序）。

在直辖市以外的省级行政区划单位（不含港澳台）设立的 12345 政务服务便民热线中，政府门户网站平均值为 0.82，12 条热线超过平均值，占比 70.59%；搜索引擎平均值为 1.82，15 条热线超过平均值，占比 88.24%；中央新闻网站平均值为 1.76，14 条热线超过平均值，占比 82.35%；商业媒体网站平均值为 1.00，17 条热线均得满分。具体情况如图 3-31 所示。

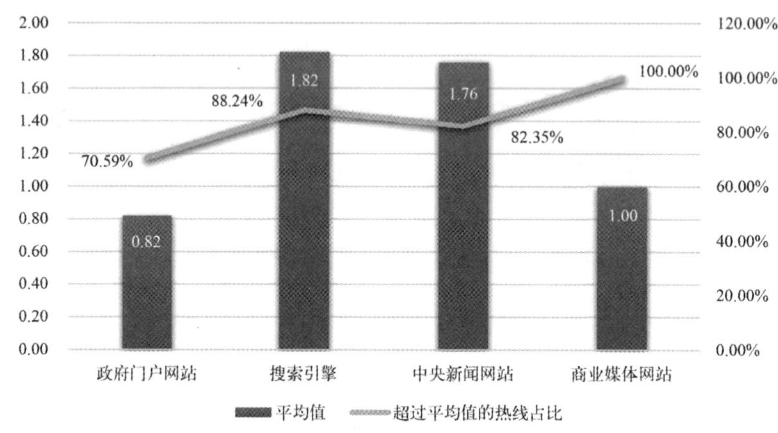

图3-31　直辖市以外的省级行政区划单位（不含港澳台）设立的12345政务服务便民热线宣传推广平均值情况

2. 直辖市设立的12345政务服务便民热线

本次评估发现，直辖市设立的 12345 政务服务便民热线更注重对热线进行宣传和推广的有北京和上海。

在直辖市设立的 12345 政务服务便民热线中，政府门户网站平均值为 0.75，1 条热线超过平均值，占比 25%；搜索引擎平均值为 1.50，3 条热线超过平均值，占比 75%；中央新闻网站平均值为 2，4 条热线超过平均值，占比 100%；商业媒体网站平均值为 1，4 条热线超过或等于平均值，占比 100%。具体情况如图 3-32 所示。

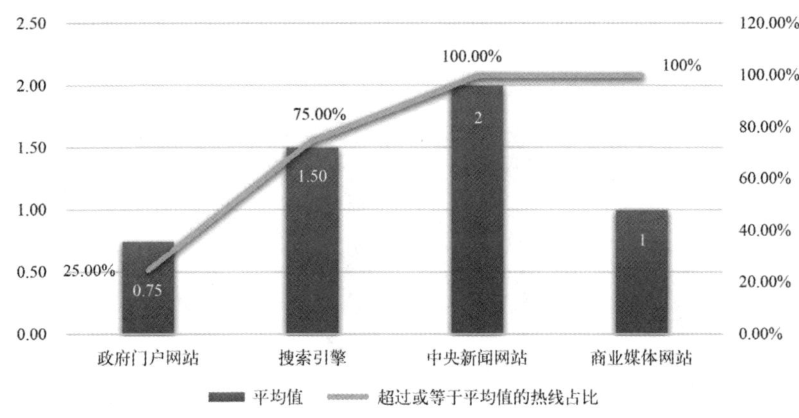

图3-32　直辖市设立的12345政务服务便民热线宣传推广平均值情况

3. 省会城市和计划单列市设立的12345政务服务便民热线

本次评估发现，省会城市和计划单列市设立的12345政务服务便民热线更注重对热线进行宣传和推广的有：太原、呼和浩特、南京、杭州、合肥、福州、厦门、济南、青岛、武汉、南宁、海口、成都、贵阳和西安。

在省会城市和计划单列市设立的12345政务服务便民热线中，政府门户网站平均值为0.92，27条热线超过平均值，占比84.38%；搜索引擎平均值为2.00，32条热线超过或等于平均值，占比100%；中央新闻网站平均值为1.47，16条热线超过平均值，占比50%；商业媒体网站平均值为0.95，30条热线超过或等于平均值，占比93.75%。具体情况如图3-33所示。

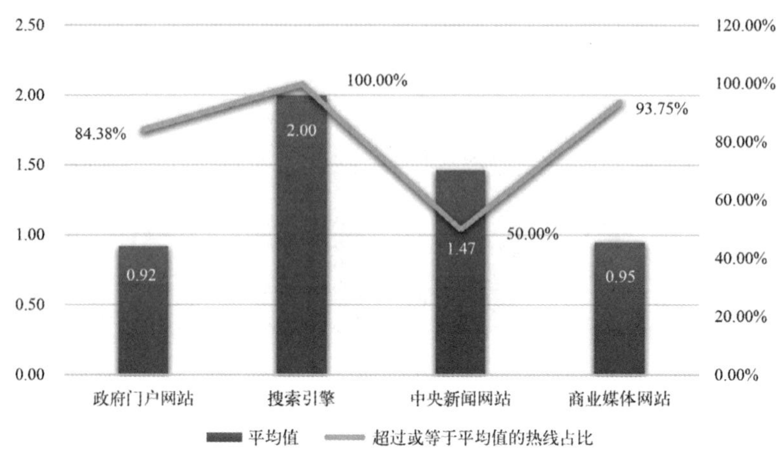

图3-33　省会城市和计划单列市设立的12345政务服务便民热线宣传推广平均值情况

4. 地级行政区划单位（不包含省会城市和计划单列市）设立的12345政务服务便民热线

本次评估发现，地级行政区划单位（不包含省会城市和计划单列市）设立的 12345 政务服务便民热线更注重对热线进行宣传和推广的有：承德、南通、莆田、烟台、潮州、内江、安顺、阿克苏地区、唐山和茂名等。具体情况见表 3-12。

在地级行政区划单位（不包含省会城市和计划单列市）设立的 12345 政务服务便民热线中，政府门户网站平均值为 0.73，183 条热线超过平均值，占比 63.10%；搜索引擎平均值为 1.97，285 条热线超过平均值，占比 98.28%；中央新闻网站平均值为 0.39，89 条热线超过平均值，占比 30.69%；商业媒体网站平均值为 0.62，152 条热线超过平均值，占比 52.41%。具体情况如图 3–34 所示。

表 3–12　地级行政区划单位（不包含省会城市和计划单列市）设立的 12345 政务服务便民热线宣传推广评估值 TOP79

序号	所在省份	评估对象	序号	所在省份	评估对象
1	河北	承德	16	广东	茂名
2	江苏	南通	17	宁夏	石嘴山
3	福建	莆田	18	河北	邯郸
4	福建	三明	19	山西	大同
5	福建	泉州	20	山西	朔州
6	福建	南平	21	山西	吕梁
7	福建	宁德	22	内蒙古	通辽
8	山东	烟台	23	内蒙古	锡林郭勒盟
9	广东	潮州	24	辽宁	朝阳
10	四川	内江	25	江苏	无锡
11	四川	眉山	26	江苏	常州
12	四川	阿坝藏族羌族自治州	27	江苏	苏州
			28	江苏	扬州
13	贵州	安顺	29	浙江	绍兴
14	新疆	阿克苏地区	30	浙江	衢州
15	河北	唐山	31	安徽	黄山

续表

序号	所在省份	评估对象	序号	所在省份	评估对象
32	福建	龙岩	52	四川	遂宁
33	山东	淄博	53	四川	南充
34	山东	日照	54	四川	达州
35	河南	平顶山	55	贵州	黔南布依族苗族自治州
36	河南	许昌			
37	河南	三门峡	56	云南	楚雄彝族自治州
38	河南	南阳	57	云南	德宏傣族景颇族自治州
39	河南	商丘			
40	湖北	恩施土家族苗族自治州	58	陕西	延安
			59	陕西	商洛
41	湖南	邵阳	60	甘肃	临夏回族自治州
42	湖南	岳阳	61	吉林	四平
43	广东	汕头	62	江苏	连云港
44	广东	韶关	63	浙江	台州
45	广东	河源	64	山东	泰安
46	广东	清远	65	山东	威海
47	广西	钦州	66	湖北	襄阳
48	广西	贵港	67	湖北	十堰
49	广西	贺州	68	湖南	常德
50	四川	攀枝花	69	广东	汕尾
51	四川	绵阳	70	广东	江门

续表

序号	所在省份	评估对象	序号	所在省份	评估对象
71	广西	河池	76	陕西	汉中
72	四川	自贡	77	甘肃	庆阳
73	四川	雅安	78	新疆	伊犁哈萨克自治州
74	云南	迪庆藏族自治州			
75	西藏	昌都	79	新疆	昌吉回族自治州

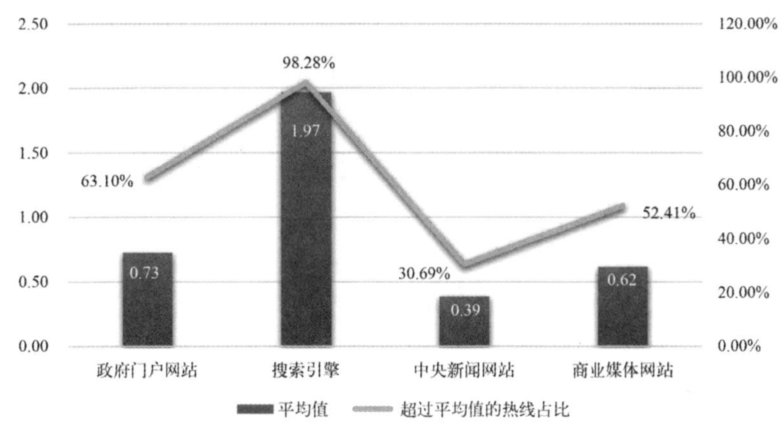

图3-34 地级行政区划单位（不包含省会城市和计划单列市）设立的12345政务服务便民热线宣传推广平均值情况

5. 国务院有关部门设立的政务服务便民热线

本次评估发现，国务院有关部门设立的政务服务便民热线更注重对热线进行宣传和推广的是工业和信息化部 12381 公共服务电话、生态环境部 12369 环保举报热线、交通运输部 12328 交通运输服务监督电话、水利部 12314 监督举报服务电话、应急管理部 12350 全国安全生产举报投诉电话、国家能源局 12398 能源监管热线。

在国务院有关部门设立的政务服务便民热线中，政府门户网站平均值为 1.20，6 条政务服务便民热线超过平均值，占比 22.22%；搜索引擎平均值为 1.78，23 条政务服务便民热线超过平均值，占比 85.19%；中央新闻网站平均值为 1.70，21 条政务服务便民热线超过平均值，占比 77.78%；商业媒体网站平均值为 0.93，24 条政务服务便民热线超过平均值，占比 88.89%。具体情况如图 3–35 所示。

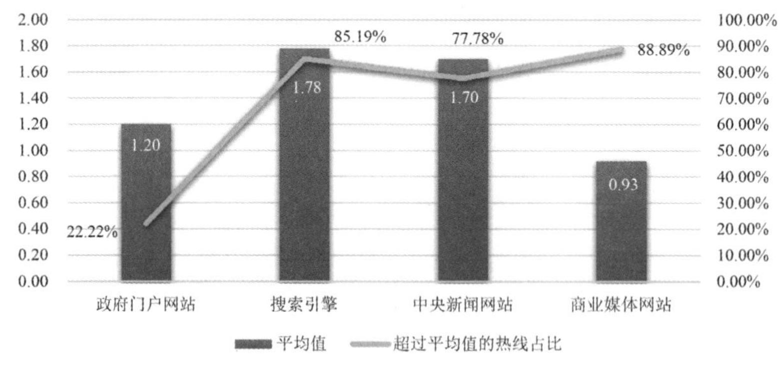

图3–35　国务院有关部门设立的政务服务便民热线宣传推广平均值情况

（八）五类对象六个专项指标情况对比分析

1. 五类评估对象在六个专项指标的整体情况比较

为了从整体上反映直辖市以外的省级行政区划单位（不含港澳台）设立的 12345 政务服务便民热线、直辖市设立的 12345 政务服务便民热线、省会城市和计划单列市设立的 12345 政务服务便民热线、地级行政区划单位（不包含省会城市和计划单列市）设立的

12345 政务服务便民热线，以及国务院有关部门设立的政务服务便民热线的整体建设情况与服务水平，评估工作组设计了包括电话受理、互联网受理、基本礼仪、沟通能力、业务能力和宣传推广六个专项指标，对这五类评估对象进行了整体比较。具体情况如图 3-36 所示。

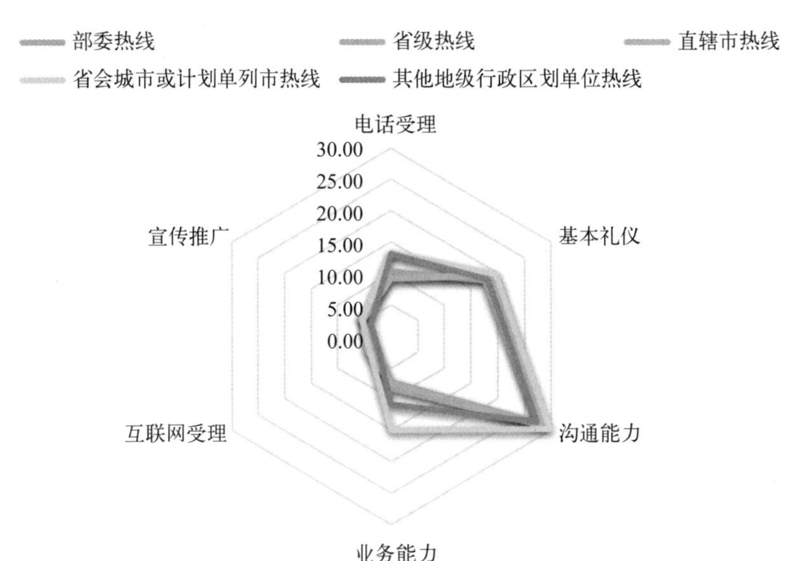

图3-36　五类评估对象在六项专项指标中的平均评估值比较

在这五类评估对象中，省会城市和计划单列市设立的 12345 政务服务便民热线在三个专项指标的平均评估值方面位居第一，且在业务能力方面的评估值领先较为明显。从整体上，本次评估的五类对象，在电话受理、互联网受理、电话接听基本礼仪、电话接听沟通能力、电话接听业务能力和宣传推广这六个方面，评估值的平均值较为接近，整体差距不明显。具体情况见表 3-13。

表 3-13 五类评估对象在六项专项指标中的平均评估值比较

专项指标	部委热线	省级热线	直辖市热线	省会城市或计划单列市热线	其他地级行政区划单位热线
电话受理	10.32	9.26	9.28	13.19	13.14
互联网受理	3.05	3.29	4.50	4.11	2.66
电话接听基本礼仪	17.59	19.00	19.75	19.71	18.22
电话接听沟通能力	27.54	28.27	28.52	29.68	27.39
电话接听业务能力	7.34	8.35	7.53	15.01	10.82
宣传推广	5.61	5.41	5.25	5.34	3.71

2. 五类评估对象在六个专项指标中的分项情况比较

（1）在电话受理平均评估值方面，省会城市和计划单列市设立的 12345 政务服务便民热线和地级行政区划单位（不包含省会城市和计划单列市）设立的 12345 政务服务便民热线表现均较为优秀，两者的电话受理平均评估值均超过 13，明显高于直辖市以外的省级行政区划单位（不含港澳台）设立的 12345 政务服务便民热线、直辖市设立的 12345 政务服务便民热线和国务院有关部门设立的政务服务便民热线这三类评估对象在电话受理方面的平均评估值。具体情况如图 3–37 所示。

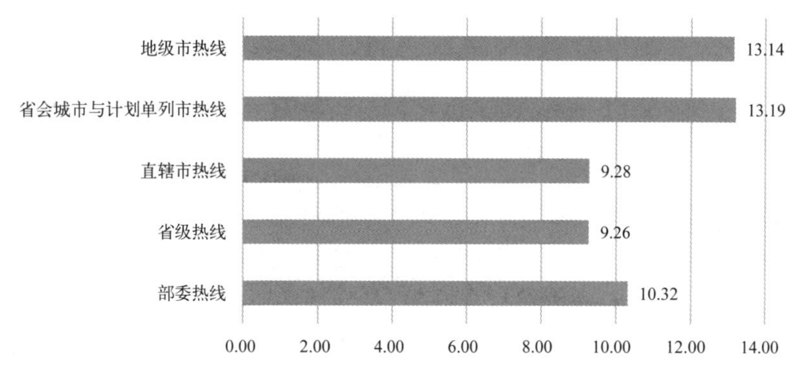

图3–37　五类评估对象电话受理平均评估值的比较

（2）在互联网受理平均评估值方面，直辖市设立的 12345 政务服务便民热线一枝独秀，其后依次是省会城市和计划单列市设立的 12345 政务服务便民热线、直辖市以外的省级行政区划单位（不含港澳台）设立的 12345 政务服务便民热线和国务院有关部门设立的政务服务便民热线，地级行政区划单位（不包含省会城市和计划单列市）设立的 12345 政务服务便民热线的互联网受理平均评估值最低。可见，直辖市设立的 12345 政务服务便民热线较为重视互联网受理渠道的建设投入与服务拓展。具体情况如图 3–38 所示。

（3）在电话接听基本礼仪平均评估值方面，直辖市以外的省级行政区划单位（不含港澳台）设立的 12345 政务服务便民热线、省会城市和计划单列市设立的 12345 政务服务便民热线、直辖市设立的 12345 政务服务便民热线旗鼓相当，均不低于 19 分（满分 20 分）；地级行政区划单位（不包含省会城市和计划单列市）设立的 12345

政务服务便民热线和国务院有关部门设立的政务服务便民热线在此方面的平均评估值分别位居第四位和第五位，需要继续优化。具体情况如图 3–39 所示。

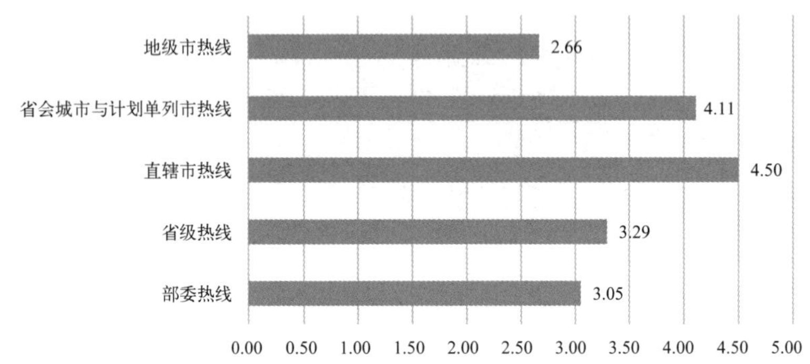

图3–38　五类评估对象互联网受理平均评估值的比较

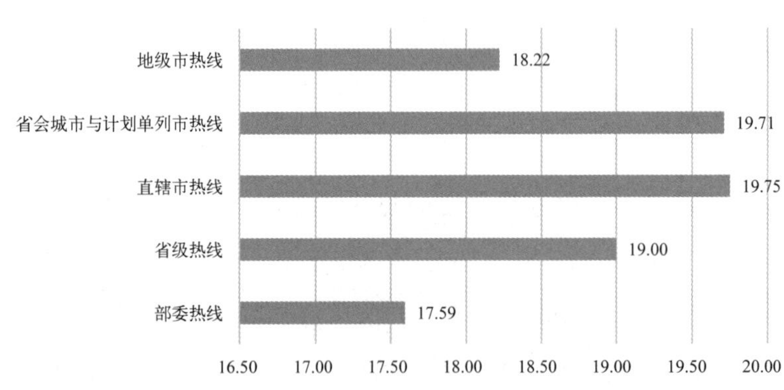

图3–39　五类评估对象电话接听基本礼仪平均评估值的比较

（4）在电话接听沟通能力平均评估值方面，省会城市和计划单列市设立的 12345 政务服务便民热线表现最佳，直辖市以外的省级行政区划单位（不含港澳台）设立的12345政务服务便民热线和直辖市设立的12345政务服务便民热线的平均评估值接近，而地级行政区划单位（不包含省会城市和计划单列市）设立的12345政务服务便民热线、国务院有关部门设立的政务服务便民热线在电话接听沟通能力平均评估值方面，则处于齐头并进的状态。具体情况如图3–40所示。

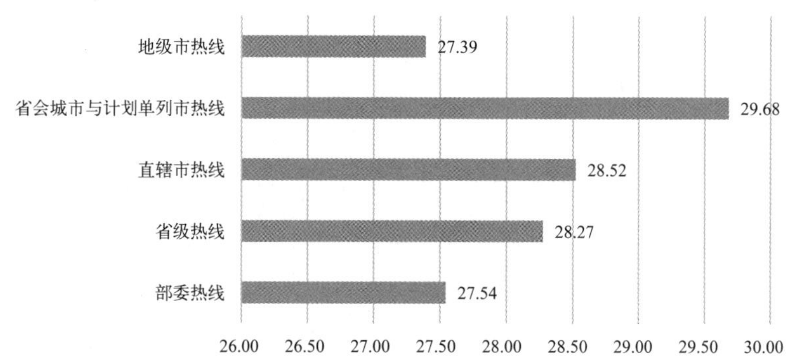

图3–40　五类评估对象电话接听沟通能力平均评估值的比较

（5）在电话接听业务能力平均评估值方面，五类评估对象差距明显。省会城市和计划单列市设立的12345政务服务便民热线遥遥领先于其他四类参评的政务服务便民热线，其电话接听业务能力平均评估值比位处第五名的国务院有关部门设立的政务服务便民热线，高出了7.56分。在满分为20分的情况下，直辖市以外的省级行政区划单位（不含港澳台）设立的12345政务服务便民热线、直辖市设立的12345政务服务便民热线，以及国务院有关部门设立的政务服务便民热线，其电话接听业务能力平均评估值均没有超过10分。具体情况如图3–41所示。

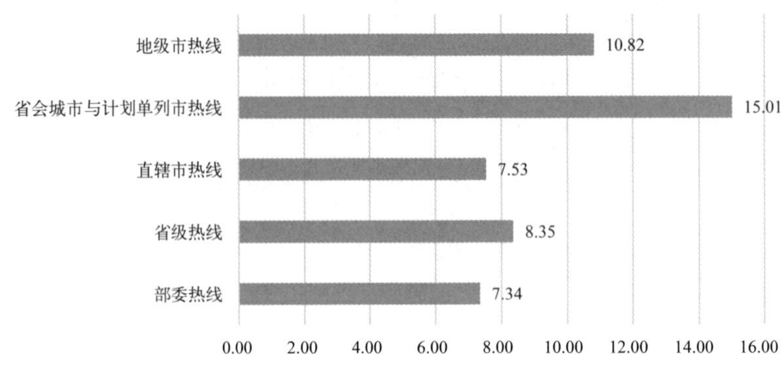

图3-41　五类评估对象电话接听业务能力平均评估值的比较

（6）在宣传推广平均评估值方面，五类评估对象表现较为接近，均较为重视宣传推广。在此方面，国务院有关部门设立的政务服务便民热线表现较好。与之相比，地级行政区划单位（不包含省会城市和计划单列市）设立的 12345 政务服务便民热线在宣传推广方面仍有追赶的空间。具体情况如图 3-42 所示。

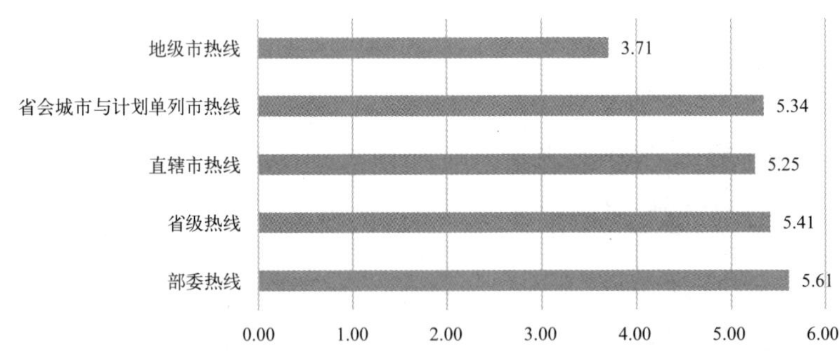

图3-42　五类评估对象宣传推广平均评估值的比较

四、评估亮点

（一）省级行政区划单位（不含港澳台）越来越重视政务服务便民热线建设

本次评估发现，除新疆、甘肃、西藏、广东、湖南、湖北、河南、内蒙古、浙江、福建外，全国省级行政区划单位（不含港澳台）开设了12345政务服务便民热线共有21条，占比67.74%（21/31）。在10个没有开通省级12345政务服务便民热线电话的省级行政区划单位中，广东、湖南、湖北、福建也开通了12345专用的网上受理渠道，仅新疆、甘肃、西藏、河南、内蒙古、浙江既没有开通省级12345政务服务便民热线电话，也未开通12345专用的网上受理渠道等。

（二）政务服务便民热线全国覆盖率较高

本次评估发现，直辖市设立的12345政务服务便民热线覆盖率100%。除内蒙古赤峰、甘肃海南藏族自治州、甘肃海北藏族自治州、甘肃海西蒙古族藏族自治州在调研时未开通外，全国333个地级行政区划单位设立的12345政务服务便民热线覆盖率98.80%（329/333）。同时，在调研期间，甘肃开通了省级12345政务服务便民热线，也就是截至调研结束，全国地级行政区划单位以上区域（不含港澳台）除赤峰以外，均有省级或地级行政区划单位设立的12345政务服务便民热线为群众提供服务。

（三）政务服务便民热线“死线”占比低

从本次评估结果可以看到，在直辖市以外的27个省级行政区划单位（不含港澳台）中，已开设有12345政务服务便民热线的省级行政区划单位为17个，在本次评估中均能正常拨通，死线占比为0；在直辖市层面，北京、上海、天津和重庆4个直辖市的12345政务服务便民热线均能正常拨通，死线占比为0；在省会城市和计划单列市层面，32个省会城市和计划单列市开设的12345政务服务便民热线，均能正常拨通，死线占比为0；在301个地级行政区划单位（不包含省会城市和计划单列市）中，有296个开通了12345政务服务便民热线，但在本次评估中，包括西藏那曲市、西藏林芝市、新疆吐鲁番市、贵州毕节市和内蒙古兴安盟5个地级行政区划单位，其开通的12345政务服务便民热线，在拨测及复核期间均无法接通，死线占比为1.69%（5/296）。

目前，我国在地级行政区划单位、省级行政区划单位（不含港澳台）中，12345政务服务便民热线的死线占比为1.346%（5/343）。

（四）政务服务便民热线互联网受理渠道建设备受重视

互联网受理渠道建设备受政务服务便民热线重视是本次评估发现的一个突出亮点。根据本次调研与评估结果，通过本级政府门户网站设立专题或专栏、热线专用网站、热线专用手机应用程序（APP）、热线专用微信公众号、热线专用微博号、热线专用微信小程序这六种互联网受理渠道中的至少一种，提供了互联网受理渠道的占比分别为：

（1）在直辖市以外的省级行政区划单位（不含港澳台）设立的12345政务服务便民热线中，有7条热线至少开通了一种互联网受理渠道，占比58.85%（10/17）。

（2）在直辖市设立的12345政务服务便民热线中，有3条热线至少开通了一种互联网受理渠道，占比75%（3/4）。

（3）在省会城市和计划单列市设立的12345政务服务便民热线中，有25条热线至少开通了一种互联网受理渠道，占比78.13%（25/32）。

（4）在地级行政区划单位（不包含省会城市和计划单列市）设立的12345政务服务便民热线中，有145条热线至少开通了一种互联网受理渠道，占比50%（145/290）。

（5）在国务院有关部门设立的政务服务便民热线中，有15条热线至少开通了一种互联网受理渠道，占比55.56%（15/27）。

整体上，在本次评估中可以拨通且至少开通了一种互联网受理渠道的政务服务便民热线的占比达到53.51%（198/370）。

（五）政务服务便民热线宣传推广备受关注

加强政务服务便民热线的宣传推广，有利于提升企业民众对政务服务便民热线的知晓程度和接纳水平，促进政民互动的广泛深入开展。根据本次调研与评估结果，通过政府门户网站、中央新闻网站、搜索引擎和商业媒体网站这四种宣传推广渠道中的至少一种，开展宣传推广的政务服务便民热线占比分别为：

（1）在直辖市以外的省级行政区划单位（不含港澳台）设立的12345政务服务便民热线中，全部17条热线都采取了相应形式，对政务服务便民热线进行宣传推广，占比100%（17/17）。

（2）在直辖市设立的12345政务服务便民热线中，全部4条热线都采取了相应形式，对政务服务便民热线进行宣传推广，占比100%（4/4）。

（3）在省会城市和计划单列市设立的12345政务服务便民热线中，全部32条热线都采取了相应形式，对政务服务便民热线进行宣传推广，占比100%（32/32）。

（4）在地级行政区划单位（不包含省会城市和计划单列市）设立的12345政务服务便民热线中，除了青海玉树藏族自治州没有搜集到通过前述四种宣传推广渠道中的任何一种进行12345政务服务便民热线的宣传推广数据外，其他的289条热线都采取了相应形式，对政务服务便民热线进行宣传推广，占比99.67%（289/290）。

（5）国务院有关部门都采取了相应形式，对所设立政务服务便民热线进行了宣传推广，以扩大政务服务便民热线的知晓度，提升其服务水平。

在本次评估中可以拨通且至少通过政府门户网站、中央新闻网站、搜索引擎和商业媒体网站这四种宣传推广渠道中的任何一种，进行宣传推广的政务服务便民热线的占比达到99.73%（369/370）。

可以说，在开展服务的同时，做好政务服务便民热线的宣传推广工作，已基本成为政务服务便民热线的普遍共识。

五、突出问题

（一）互联网受理渠道的建设与电话受理渠道的建设差距较大

在我国全部364个地级行政区划单位和省级行政区划单位（不含港澳台）中，12345政务服务便民热线的开通率已达到了94.23%，与此相比，我国在地级行政区划单位和省级行政区划单位这两个层面，在本次评估中可以拨通且至少开通了一种互联网受理渠道的12345政务服务便民热线的占比只有53.35%，相差高达40.88%。这与《国务院办公厅关于进一步优化地方政务服务便民热线的指导意见》要求的“同时拓展互联网渠道，丰富受理方式，满足企业和群众个性化、多样化需求。加强自助下单、智能文本客服、智能语音等智能化应用”还存在差距，需要政务服务便民热线主管部门和承建单位在后续建设中引起高度重视。

（二）互联互通整体性偏弱影响一号响应能力

建立12345热线与110、119、120、122等紧急热线和水电气热等公共事业服务热线的联动机制，强化12345热线平台与部门业务系统互联互通和信息共享，是党中央、国务院优化地方政务服务便民热线的指导意见。在本次评估中，除因职能定位，国务院有关部门设立的政务服务便民热线通常不与水电气市政服务电话和110、119、120、122等紧急热线进行互联互通，在其他的四个评估类别中，在直辖市以外的省级行政区划单位（不含港澳台）设立的12345政务服务便民热线中，互联互通平均值为0.18，2条热线超过平均值，占比11.76%；在直辖市设立的12345政务服务便民热线中，互联互通平均值为1.40，3条热线超过或等于平均值，占比75%；在省会城市和计划单列市设立的12345政务服务便民热线中，互联互通平均值为1.50，19条热线超过平均值，占比59.38%；在地级行政区划单位（不包含省会城市和计划单列市）设立的12345政务服务便民热线中，互联互通平均值为1.51，179条热线超过平均值，占比61.72%。整体上，只有201条12345政务服务便民热线在互联互通方面的评估值超过了所在类别的平均值，占比58.6%(201/343)。在互联互通方面进一步加强，以充分实现一号响应，依然是我国12345政务服务便民热线需要不断加强的一个发展方向。

（三）队伍建设的短板制约了服务效率的提升

接通与接起的效率可以从一定程度上反映政务服务便民热线的人员队伍规模和坐席人员服务效率。一方面，足够的人员队伍规模，有利于提升政务服务便民热线的接通率；而坐席人员服务的效率，则有利于节省每次通话交互的时间，间接推动接起率的提升。从本次评估的结果来看，在直辖市以外的省级行政区划单位（不含港澳台）设立的 12345 政务服务便民热线中，接通与接起平均值为 6.44，11 条热线超过平均值，占比 64.71%；在直辖市设立的 12345 政务服务便民热线中，接通与接起平均值为 5.38，1 条热线超过平均值，占比 25.00%；在省会城市和计划单列市设立的 12345 政务服务便民热线中，接通与接起平均值为 7.84，21 条热线超过平均值，占比 65.63%；在地级行政区划单位（不包含省会城市和计划单列市）设立的 12345 政务服务便民热线中，接通与接起平均值为 7.75，156 条热线超过平均值，占比 53.79%；在国务院有关部门设立的政务服务便民热线中，接通与接起平均值为 7.91，9 条热线超过平均值，占比 33.33%。整体上，只有 198 条热线在接通与接起方面的评估值超过所在类别的平均值，占比 53.51%（198/370）。这在很大程度上反映出，我国政务服务便民热线在一线坐席人员队伍规模、一线坐席人员的业务知识，特别是一线坐席人员的服务效率方面，仍有相当大的发展空间。

（四）知识库建设不充分且功能发挥不完善

建设充分、功能完善的政务服务便民热线知识库，有利于快速地对坐席人员的信息查询需求做出准确全面、直观形象的反馈，也是实现智能文本客服、智能语音客服等智能化应用的前提，更是相关部门解决共性问题的有力助手。借助政务服务便民热线知识库的投入使用，可以很大程度对企业民众的受理需求实现有效“分流”，大大缓解坐席人员通过电话受理业务的压力，进而有力提升政务服务便民热线的接通率与接起率。从当前我国各类政务服务便民热线普遍不高的接通率与接起率来看，一方面，与坐席人员的规模不足有关，另一方面，也与相关的政务服务便民热线在知识库的建设与应用上不够成熟、不够深入有着密切关系。

（五）缺乏对大数据的有效挖掘和充分应用

2021 年 1 月 6 日对外正式发布的《国务院办公厅关于进一步优化地方政务服务便民热线的指导意见》明确要求，2021 年底前，各地区设立的政务服务便民热线以及国务院有关部门设立并在地方接听的政务服务便民热线实现一个号码服务，提供“7×24 小时”全天候人工服务。因此，服务时长成为政务服务便民热线的建设与服务的一个焦点。

从本次评估的结果分析，在服务时长方面，直辖市以外的省级行政区划单位（不含港澳台）设立的 12345 政务服务便民热线中，有 9 条热线提供了“7×24 小时”全天候人工服务，占比 52.94%；在直辖市设立的 12345 政务服务便民热线中，有 2 条热线提供了“7×24 小时”全天候人工服务，占比 50%；在省会城市和计划单列市设立的 12345 政务服务便民热线中，有 19 条热线提供了“7×24 小时”全天候人工服务，占比 59.38%；在地级行政区划单位（不包含省会城市和计划单列市）设立的 12345 政务服务便民热线中，有 194 条热线提供了“7×24 小时”全天候人工服务，占比 66.9%；在国务院有关部门设立的政务服务便民热线中，已有 7 条热线提供了“7×24 小时”全天候人工服务，占比 25.93%。整体上，只有 231 条热线超过所在类别的平均值，占比 62.43%（231/370）。

与前文提及的政务服务便民热线接通率和接起率的影响因素相关，对政务服务便民热线的服务时长构成影响的因素，既涉及坐席人员的队伍规模、坐席人员的服务效率、政务服务便民热线知识库的建设水平与应用效率，也与政务服务便民热线的主管部门和承建单位对相关大数据的有效挖掘和充分应用息息相关。

目前已有相关政务服务便民热线主管部门和承建单位，基于服务中获得的政府服务便民热线数据，开展一维频度的统计分析，形成相应的定期专题汇报，呈送给相关的领导和政府决策部门，发挥了大数据技术对政务服务便民热线的挖掘功能。但是，对于如何利用运营中获得的政府服务便民热线大数据和相关渠道获得的舆情数据，进行有效挖掘和融合应用，却仍存在不足。比如，能否利用所积累的政府服务便民热线大数据，针对企业民众普遍关注的话题领域、经常涉及的业务部门、集中拨打的高发时段、较为密集的诉求类型（包括咨询、求助、投诉、举报和意见建议等），形成热门话题领域、业务部门、高发时段和诉求类型的内容清单，弹性配置坐席人员，实现在集中拨打的高发时段分配更多的坐席人员，非集中拨打的低发时段分配较少的坐席人员，确保在人力资源成本相对不增加的前提下，在服务时长上的有效延伸。同时，借助大数据技术，对涉及热门话题领域的知识库模块进行重点研发，提升单个坐席人员的信息响应效率，从而减少单位时间内的坐席人员投入，让政务服务便民热线承建单位有更为灵活的资源可用于提升服务时长。

因此，仅靠增加坐席人员规模来提升服务时长，是一种较为简单粗暴的思维模式。事实上，政务服务便民热线的主管部门和承建单位依然需要在大数据的有效挖掘和充分应用上，通过技术手段来提升单个坐席人员的工作效率，在不增加过多的人力资源成本的前提下，推进和实现政务服务便民热线的“7×24 小时”全天候人工服务。

六、改进建议

（一）省级行政区划单位对政务服务便民热线的重视还需要持续加强

根据本次调研与评估的结果，目前，在直辖市以外的 27 个省级行政区划单位（不含港澳台）中，只有 17 个省级行政区划单位开通了省级 12345 政务服务便民热线电话，包括新疆、甘肃、西藏、广东、湖南、湖北、河南、内蒙古、浙江和福建在内的 10 个省级行政区划单位，并未开通或无法拨通 12345 政务服务便民热线电话。而从设立了省级 12345 政务服务便民热线电话并能有效拨通的这 17 条省级 12345 政务服务便民热线来看，基本是依托省会城市设立的 12345 政务服务便民热线来开展服务，而且多数设置了转入省级 12345 政务服务便民热线的“门槛”，较不利于企业民众的方便使用。

从行政职能范围与权限的划分与定位来看，省级 12345 政务服务便民热线电话和省会城市设立的 12345 政务服务便民热线，是有所差别的。因此，从完善政务服务便民热线的建设与服务体系的长远发展目标来看，省级行政区划单位（不含港澳台）需要更加重视政务服务便民热线的建设投入。

（二）明确和规范政务服务便民热线的受理范围

明确政务服务便民热线的职能定位和受理范围，才能聚焦政务服务便民热线的建设目标，梳理提升政务服务便民热线服务能力的有效路径。从行业领域上来看，政务服务便民热线涉及的话题涵盖经济调节、市场监管、社会管理、公共服务和生态环境保护等，从企业民众的情感诉求上分析，政务服务便民热线主要用于收集和反馈企业民众对前述领域的咨询、求助、投诉、举报和意见建议等，而且这类诉求属于“非紧急”性质。《国务院办公厅关于进一步优化地方政务服务便民热线的指导意见》明确规定，政务服务便民热线不受理须通过诉讼、仲裁、纪检监察、行政复议、政府信息公开等程序解决的事项和已进入信访渠道的事项，以及涉及国家秘密、商业秘密、个人隐私和违反社会公序良俗的事项。

为此，政务服务便民热线的主管部门与承建单位，需要在前述政务服务便民热线的职能定位与受理范围之内，建立健全政务服务便民热线工作管理体系、优化政务服务便民热线的工作流程，依法依规完善包括受理、派单、办理、答复、督办、办结、回访和评价等环节的工作流程，建立有效的政务服务便民热线信息共享机制，强化政务服务便民热线的信息安全保障机制，建立政务服务便民热线的工作督办问责机制，不断丰富政务服务便民热线的受理渠道，加强政务服务便民热线的知识库建设和应用，提升政务服务便民热线的队伍建设水平，并从组织领导、制度保障和社会参与等方面，围绕政务服务便民热线的职能定位，以建设人民满意的政务服务便民热线为目标，开展政务服务便民热线受理范围之内的各项工作。

（三）强化政务服务便民热线的电话受理渠道建设

依托一个号码开展服务，避免地方政务服务便民热线号码过多，不方便民众记忆，防止热线服务资源分散；要提供“7×24 小时”的全天候人工服务，建立 12345 热线与 110、119、120、122 等紧急热线和水电气热等公共事业服务热线的联动机制，同时，提高热线的接通率和专业化服务水平，强化各地区热线接通能力的保障建设，是党中央、国务院对政务服务便民热线优化建设与提升服务的要求。

从接通与接起、服务时长、互联互通等角度来看，在本次评估涉及的五类对象中，国务院有关部门设立的政务服务便民热线在接通与接起方面的平均值最高，而直辖市设立的 12345 政务服务便民热线在接通与接起方面的平均值最低，彰显了接通与接起是直辖市在电话受理渠道建设方面的短板。实践证明，缺乏良好的接通率，接起率无从谈起，进而影响民众通过电话反映诉求、寻求帮助的热情，对基于电话受理渠道开展政民互动产生不利影响。在服务时长方面，国务院有关部门设立的政务服务便民热线的平均评估值最低；而在互联互通方面，包括直辖市以外的省级行政区划单位（不含港澳台）、直辖市、省会城市和计划单列市和地级行政区划单位（不包含省会城市和计划单列市）等所设立的12345政务服务便民热线，评估值超过平均分的占比均达不到80%，需要不断强化电话受理渠道的建设。因此，作为强化电话受理渠道建设的质量内涵，各类政务服务便民热线在坐席人员的基本礼仪、沟通能力和业务能力等方面，也有相当大的提升空间，需要进一步通过规范化、专业化的培训，提升坐席人员的职业素养与服务能力。

（四）优化政务服务便民热线的网络受理渠道

拓展互联网渠道，加强自助下单、智能文本客服、智能语音等智能化应用，丰富受理方式，满足企业和群众个性化、多样化需求，是国务院办公厅对进一步优化地方政务服务便民热线的一项要求。依据中国互联网络信息中心（CNNIC）第47次《中国互联网络发展状况统计报告》的统计结果，截至2020年12月，我国网民规模达9.89亿，较2020年3月增长8540万，互联网普及率达70.4%。从本次评估的结果来看，包括直辖市以外的省级行政区划单位（不含港澳台）设立的12345政务服务便民热线、直辖市设立的12345政务服务便民热线、省会城市和计划单列市设立的12345政务服务便民热线、地级行政区划单位（不包含省会城市和计划单列市）设立的 12345 政务服务便民热线，以及国务院有关部门设立的政务服务便民热线等，均在不同程度上开展了电话受理渠道之外的互联网受理渠道。其中，直辖市设立的 12345 政务服务便民热线中在互联网受理渠道数量方面的平均评估值最高，而地级行政区划单位（不包含省会城市和计划单列市）设立的 12345 政务服务便民热线在互联网受理渠道数量方面的平均评估值最低，仅有 0.39，凸显了互联网受理渠道建设水平的参差不齐。当然，作为电话受理渠道的一种有益补充和扩展，互联网受理渠道并不是多多益善，而是要量力而行，做好整体规划，让群众企业能更好、更方便地通过自己所熟悉或喜爱的沟通方式，获得政务服务便民热线的及时可靠服务。

为此，在互联网具体接入方式上，政务服务便民热线的承建单位，可以灵活地在本级政府门户网站、热线专用网站、热线专用手机应用程序（APP）、热线专用微信公众号、热线专用微博号，以及热线专用微信小程序等方面有所选择和取舍，充分考虑政务服务便民热线的互联网受理渠道和领导信箱、政务服务设立的互联网咨询窗口的对接与融合。确保不同互联网接入方式，在使用指南、自助下单、信息维护、进展查询和监督反馈等方面的持续稳定可用，切实地拓展政务服务便民热线的受理渠道。

（五）建立政务服务便民热线的信息共享机制

《国务院办公厅关于进一步优化地方政务服务便民热线的指导意见》在进一步优化地方政务服务便民热线的指导思想中明确要“以一

个号码服务企业和群众为目标，推动地方政务服务便民热线归并优化，进一步畅通政府与企业和群众互动渠道，提高政务服务水平”。实现一号响应，背后的支撑是同级政府相关职能部门、上下级有关的政府部门的“横向整合、纵向联动”，即政务信息的关联、互通与共享，避免出现“政务信息孤岛”。为此，需要建立基于政务服务便民热线的信息共享机制。从共享的内容范围、共享的行为主体、共享的使用方式等方面，全面推动政务服务便民热线的数据及相关知识库，向基层工作人员和社会开放，提升政务服务便民热线的效率和水平。

（六）提升政务服务便民热线知识库的建设水平

政务服务便民热线知识库是政务服务便民热线一线工作人员的“外脑”，也是实现智能语音自动问题的底层支撑。优秀的政务服务便民热线知识库，需要具备权威准确、标准统一、实时更新、共建共赢、高效检索等基本特征。其中，知识库的权威准确高度决定了政务服务便民热线的服务质量和民众对政务服务便民热线的依赖程度。实现权威准确，需要完善多方校验机制，在查重纠错、内容更新等方面，形成快速准确的响应机制。针对最新政策和热点问题，形成统一的答复口径。优化政务服务便民热线知识库的人机交互模式，提供多种检索策略，提高查找的查全率和查准率。同时，采用合理的结果排序机制和美观形象的呈现技术，方便一线工作人员对命中结果的选用与读取。通过智能语音系统、互联网受理渠道等接入渠道，拓展基于政务服务便民热线知识库的自助查询服务，有效地减缓人工坐席的业务受理压力，更好地提升电话受理渠道的接通率与接起率。

（七）加强政务服务便民热线的队伍建设

政务服务便民热线目前多以电话受理渠道为主，辅以必要的互联网受理渠道。作为一种重要的政民互动形式，政务服务便民热线具有交互性、实时性、专业性和权威性等特点，在实际开展的过程中，一线人员的服务意识、政策水平和专业能力，直接影响着政务服务便民热线的服务效果。因此，加强对一线人员的业务培训，建立合理的绩效考核机制，对提升一线人员的服务水平、激发其服务热情，显得意义深远。与此同时，涉及政务服务便民热线运营过程的其他相关人员，包括领域专家、管理人员、维护人员等，也需要有合理的制度加以引导、规范。比如，在领域专家的管理方面，需要明确专家准入条件、退出机制、人员规模和接听机制等内容；在管理人员方面，需要明确职责分工、人员结构、资质认证、奖惩晋升和培训学习等内容；在维护人员方面，需要对政务服务便民热线服务外包公司的驻场管理人员、驻场技术人员的人员构成、职责分工和资质认证等方面加以引导规范和统一管理。

（八）持续推进政务服务便民热线的宣传推广水平

让民众广泛知道与充分了解政务服务便民热线的功能定位与服

务机制，是通过政务服务便民热线，畅通政民互动渠道的基本前提。从本次评估结果来看，五类被评估对象中，国务院有关部门设立的政务服务便民热线在宣传推广方面的评估值平均值最高，而省会城市和计划单列市设立的12345政务服务便民热线在宣传推广方面的评估值平均值最低。从总体上来看，超过同一类评估对象在宣传推广方面平均分的12345政务服务便民热线只有195条，占本次评估全部对象（370条）的52.7%。基于此，12345政务服务便民热线主管部门与运营单位，要进一步增强宣传推广意识，充分利用当前快速发展的融媒体环境，全方位、多角度、及时性地开展政务服务便民热线的宣传，让老百姓广泛知晓政务服务便民热线，有事首先想到政务服务便民热线，方便地接入政务服务便民热线，高效使用政务服务便民热线，满意评价政务服务便民热线，更多依赖政务服务便民热线。

（九）逐步完善政务服务便民热线的制度建设

科学合理的规章制度，是确保政务服务便民热线得到稳健发展的保障。《国务院办公厅关于进一步优化地方政务服务便民热线的指导意见》对“制度”的提及有四处之多，并重点强调“地区各部门要根据实际情况制定和完善相关管理规范，建立经费保障机制，为政务服务便民热线的规范运行提供制度保障”。根据政务服务便民热线的功能定位与服务机制，构建其制度体系至少需要在数据治理、服务沟通、业务管理和人员管理这四个方面加以充分考虑。

（1）与政务服务便民热线的数据治理相关的制度，需要深入关注有关政务服务便民热线知识库的建设与管理、政务服务便民热线数据描述与信息组织规范、政务服务便民热线数据共建共享、政务服务便民热线的数据统计与分析规范、政务服务便民热线信息发布等问题。

（2）与政务服务便民热线的服务沟通相关的制度，需要充分考虑有关政务服务便民热线的服务管理、政务服务便民热线的接听礼仪管理、政务服务便民热线的分级响应、政务服务便民热线的派单争议审核、政务服务便民热线中无理诉求处置、政务服务便民热线的延期申请和事项办结等问题。

（3）与政务服务便民热线的业务管理相关的制度，需要切实思考有关政务服务便民热线的发展战略制定、政务服务便民热线的年度工作计划和工作总结、政务服务便民热线的舆情预警与热点研判、政务服务便民热线的报送、政务服务便民热线督查督办的管理、政务服务便民热线回复质量的审核、政务服务便民热线对政府部门决策支撑管理、政务服务便民热线的业务外包管理、政务服务便民热线与媒体合作和宣传，以及政务服务便民热线经费管理等问题。

（4）与政务服务便民热线的人员管理相关的制度，需要较多酝酿有关坐席人员培训、专家坐席选派与退出管理、坐席人员招聘与工作职责、管理团队的绩效考核与激励、坐席人员的绩效考核与激励、承办部门办理人员的绩效考核与激励，以及党政一把手接听政务服务便民热线等问题。

（十）不断提升政务服务便民热线服务政府决策的能力

不同于以专家咨询为基础的决策调研，政务服务便民热线是辐射范围最广的一种倾听和收集社情民意的渠道，更有利于实现政府决策来源于民众、向民众咨询、服务于民众和受民众监督。当前，已有相关的政务服务便民热线主管部门建立了基于政务服务便民热线统计数据的定期汇报机制，通过对政务服务便民热线相关数据的梳理、总结、统计与分析，形成有关政府部门的决策依据与支撑。但是，在分析与挖掘的深度上，目前多停留于一维统计分析，缺乏多维的、关联性的分析。决策支撑模型不明确，对政府决策的支撑效果与力度仍不明显，今后需要在政务服务便民热线的数据分析与挖掘深度、数据决策模型建立与完善，以及服务政府决策机制的构建等方面进一步加强。

党的十九届四中全会审议通过的《中共中央关于坚持和完善中国特色社会主义制度推进国家治理体系和治理能力现代化若干重大问题的决定》指出："建立健全运用互联网、大数据、人工智能等技术手段进行行政管理的制度规则。推进数字政府建设，加强数据有序共享，依法保护个人信息。"这为我国数字政府建设指明了方向。

作为畅通政府与企业民众对话的一种重要渠道，政务服务便民热线因其富有交流温情、量大面广而成为一种最为普遍的政民互动形式，其所汇集的社情民意，规模浩大，内容丰富，极具深度分析挖掘的价值，是支撑数字政府乃至智慧政府建设的重要基石。当然，在此过程中，如何让政务服务便民热线的数据更具价值，政务服务便民热线的服务成效更近预期，则需要在政务服务便民热线的受理渠道、后台管理系统、专业知识库、制度体系、人员队伍、运行机制、管理模式和资金支持等方面，给予更加合理的规划与组织、投入与配置。

附　录

附录1：省级行政区划单位（不含港澳台）政务服务便民热线开通情况

序号	行政区划单位	序号	行政区划单位	序号	行政区划单位
1	北　京	12	安　徽	23	四　川
2	天　津	13	*福　建	24	贵　州
3	河　北	14	江　西	25	云　南
4	山　西	15	山　东	26	*西　藏
5	*内蒙古	16	*河　南	27	陕　西
6	辽　宁	17	*湖　北	28	*甘　肃
7	吉　林	18	*湖　南	29	青　海
8	黑龙江	19	*广　东	30	宁　夏
9	上　海	20	广　西	31	*新　疆
10	江　苏	21	海　南		
11	*浙　江	22	重　庆		

注：带*为未开通12345政务服务便民热线或本次评估未采集到相关数据的省级单位。

附录2：省会城市和计划单列市政务服务便民热线开通情况

序号	行政区划单位	序号	行政区划单位	序号	行政区划单位
1	石家庄	12	福州	23	海口
2	太原	13	厦门	24	成都
3	呼和浩特	14	南昌	25	贵阳
4	沈阳	15	济南	26	昆明
5	大连	16	青岛	27	拉萨
6	长春	17	郑州	28	西安
7	哈尔滨	18	武汉	29	兰州
8	南京	19	长沙	30	西宁
9	杭州	20	广州	31	银川
10	宁波	21	深圳	32	乌鲁木齐
11	合肥	22	南宁		

附录3：地级行政区划单位（不包含省会城市和计划单列市）政务服务便民热线开通情况

所在省份	序号	301 个地级市	序号	301 个地级市
河北省 10 个地级市	1	承德市	6	保定市
	2	张家口市	7	沧州市
	3	秦皇岛市	8	衡水市
	4	唐山市	9	邢台市
	5	廊坊市	10	邯郸市
山西省 10 个地级市	11	大同市	16	阳泉市
	12	朔州市	17	长治市
	13	忻州市	18	晋城市
	14	吕梁市	19	临汾市
	15	晋中市	20	运城市
内蒙古自治区 11 个地级市（州、盟、地区）	21	包头市	27	乌兰察布市
	22	呼伦贝尔市	28	鄂尔多斯市
	23	* 兴安盟	29	巴彦淖尔市
	24	通辽市	30	乌海市
	25	* 赤峰市	31	阿拉善盟
	26	锡林郭勒盟		

续表

所在省份	序号	301 个地级市	序号	301 个地级市
辽宁省 12 个地级市	32	鞍山市	38	阜新市
	33	抚顺市	39	辽阳市
	34	本溪市	40	铁岭市
	35	丹东市	41	朝阳市
	36	锦州市	42	盘锦市
	37	营口市	43	葫芦岛市
吉林省 8 个地级市（州、盟、地区）	44	吉林市	48	白山市
	45	四平市	49	松原市
	46	辽源市	50	白城市
	47	通化市	51	延边朝鲜族自治州
黑龙江省 12 个地级市（州、盟、地区）	52	齐齐哈尔市	58	伊春市
	53	牡丹江市	59	七台河市
	54	佳木斯市	60	鹤岗市
	55	大庆市	61	黑河市
	56	鸡西市	62	绥化市
	57	双鸭山市	63	大兴安岭地区
江苏省 12 个地级市	64	无锡市	70	淮安市
	65	徐州市	71	盐城市
	66	常州市	72	扬州市
	67	苏州市	73	镇江市
	68	南通市	74	泰州市
	69	连云港市	75	宿迁市

续表

所在省份	序号	301 个地级市	序号	301 个地级市
浙江省 9 个地级市	76	温州市	81	衢州市
	77	湖州市	82	舟山市
	78	嘉兴市	83	台州市
	79	绍兴市	84	丽水市
	80	金华市		
安徽 15 个地级市	85	淮北市	93	马鞍山市
	86	亳州市	94	芜湖市
	87	宿州市	95	宣城市
	88	蚌埠市	96	铜陵市
	89	阜阳市	97	池州市
	90	淮南市	98	安庆市
	91	滁州市	99	黄山市
	92	六安市		
福建省 7 个地级市	100	莆田市	104	南平市
	101	三明市	105	龙岩市
	102	泉州市	106	宁德市
	103	漳州市		
江西省 10 个地级市	107	九江市	112	鹰潭市
	108	景德镇市	113	吉安市
	109	萍乡市	114	赣州市
	110	新余市	115	抚州市
	111	上饶市	116	宜春市

续表

所在省份	序号	301 个地级市	序号	301 个地级市
山东省 14 个地级市	117	淄博市	124	威海市
	118	枣庄市	125	日照市
	119	东营市	126	临沂市
	120	烟台市	127	德州市
	121	潍坊市	128	聊城市
	122	济宁市	129	滨州市
	123	泰安市	130	菏泽市
河南 16 个地级市	131	开封市	139	许昌市
	132	洛阳市	140	漯河市
	133	平顶山市	141	三门峡市
	134	安阳市	142	南阳市
	135	鹤壁市	143	商丘市
	136	新乡市	144	信阳市
	137	焦作市	145	周口市
	138	濮阳市	146	驻马店市
湖北 12 个地级市（州、盟、地区）	147	襄阳市	153	鄂州市
	148	宜昌市	154	孝感市
	149	黄石市	155	黄冈市
	150	十堰市	156	咸宁市
	151	荆州市	157	随州市
	152	荆门市	158	恩施土家族苗族自治州

续表

所在省份	序号	301 个地级市	序号	301 个地级市
湖南 13 个地级市（州、盟、地区）	159	衡阳市	166	益阳市
	160	株洲市	167	郴州市
	161	湘潭市	168	永州市
	162	邵阳市	169	怀化市
	163	岳阳市	170	娄底市
	164	常德市	171	湘西土家族苗族自治州
	165	张家界市		
广东 19 个地级市	172	珠海市	182	江门市
	173	汕头市	183	阳江市
	174	佛山市	184	湛江市
	175	韶关市	185	茂名市
	176	河源市	186	肇庆市
	177	梅州市	187	清远市
	178	惠州市	188	潮州市
	179	汕尾市	189	揭阳市
	180	东莞市	190	云浮市
	181	中山市		

续表

所在省份	序号	301 个地级市	序号	301 个地级市
广西 13 个地级市	191	柳州市	198	玉林市
	192	桂林市	199	百色市
	193	梧州市	200	贺州市
	194	北海市	201	河池市
	195	防城港市	202	来宾市
	196	钦州市	203	崇左市
	197	贵港市		
海南 3 个地级市	204	三亚市	206	* 儋州市
	205	* 三沙市		
四川 20 个地级市（州、盟、地区）	207	自贡市	217	宜宾市
	208	攀枝花市	218	广安市
	209	泸州市	219	达州市
	210	德阳市	220	巴中市
	211	绵阳市	221	雅安市
	212	广元市	222	眉山市
	213	遂宁市	223	资阳市
	214	内江市	224	阿坝藏族羌族自治州
	215	乐山市	225	甘孜藏族自治州
	216	南充市	226	凉山彝族自治州

续表

所在省份	序号	301个地级市	序号	301个地级市
贵州8个地级市（州、盟、地区）	227	遵义市	231	铜仁市
	228	六盘水市	232	黔东南苗族侗族自治州
	229	安顺市	233	黔南布依族苗族自治州
	230	* 毕节市	234	黔西南布依族苗族自治州
云南15个地级市（州、盟、地区）	235	昭通市	243	西双版纳傣族自治州
	236	曲靖市	244	大理白族自治州
	237	玉溪市	245	德宏傣族景颇族自治州
	238	保山市		
	239	楚雄彝族自治州	246	丽江市
	240	红河哈尼族彝族自治州	247	怒江傈僳族自治州
	241	文山壮族苗族自治州	248	迪庆藏族自治州
	242	普洱市	249	临沧市
西藏6个地级市（州、盟、地区）	250	昌都市	253	* 林芝市
	251	山南市	254	* 那曲市
	252	日喀则市	255	阿里地区

续表

所在省份	序号	301个地级市	序号	301个地级市
陕西9个地级市	256	宝鸡市	261	榆林市
	257	咸阳市	262	汉中市
	258	铜川市	263	安康市
	259	渭南市	264	商洛市
	260	延安市		
甘肃13个地级市（州、盟、地区）	265	嘉峪关市	272	平凉市
	266	金昌市	273	庆阳市
	267	酒泉市	274	定西市
	268	张掖市	275	陇南市
	269	武威市	276	甘南藏族自治州
	270	白银市	277	临夏回族自治州
	271	天水市		
青海7个地级市（州、盟、地区）	278	海东市	282	黄南藏族自治州
	279	*海南藏族自治州	283	果洛藏族自治州
	280	*海北藏族自治州	284	玉树藏族自治州
	281	*海西蒙古族藏族自治州		
宁夏4个地级市（州、盟、地区）	285	石嘴山市	287	固原市
	286	吴忠市	288	中卫市

续表

所在省份	序号	301 个地级市	序号	301 个地级市
新疆 13 个地级市（州、盟、地区）	289	伊犁哈萨克自治州	296	巴音郭楞蒙古自治州
	290	塔城地区	297	阿克苏地区
	291	阿勒泰地区	298	克孜勒苏柯尔克孜自治州
	292	博尔塔拉蒙古自治州	299	喀什地区
	293	昌吉回族自治州	300	和田地区
	294	* 吐鲁番市	301	克拉玛依市
	295	哈密市		

注：带*为未开通12345政务服务便民热线或本次评估未采集到相关数据的地级市（州）。

附录4：部分国务院组成部门设立的政务服务便民热线

序号	名称	号码	责任单位
1	12381 公共服务电话	12381	工业和信息化部
2	网络不良与垃圾信息举报电话	12321	工业和信息化部
3	全国公共法律服务专用电话	12348	司法部
4	全国人力资源和劳动保障服务电话	12333	人力资源和社会保障部
5	12369 环保举报热线	12369	生态环境部
6	12329 住房公积金热线	12329	住房和城乡建设部
7	全国住房和城乡建设服务电话	12319	住房和城乡建设部
8	12328 交通运输服务监督电话	12328	交通运输部
9	12314 监督举报服务电话	12314	水利部
10	全国农业系统公益服务电话	12316	农业农村部
11	12318 文化市场举报电话	12318	文化和旅游部
12	12320 公共卫生公益电话	12320	国家卫生健康委员会
13	全国安全生产举报投诉电话	12350	应急管理部
14	全国海关 12360 统一服务热线	12360	海关总署
15	12366 纳税服务热线	12366	国家税务总局
16	12315 热线	12315	国家市场监督管理总局
17	12393 医保服务热线	12393	国家医疗保障局
18	12386 中国证监会热线	12386	中国证券监督管理委员会

续表

序号	名称	号码	责任单位
19	12325 全国粮食和物资储备监管热线	12325	国家粮食和物资储备局
20	12398 能源监管热线	12398	国家能源局
21	12313 烟草市场监管服务热线	12313	国家烟草局
22	国家移民管理局 12367 咨询服务热线	12367	国家移民管理局
23	全国统一客户服务电话	12306	国家铁路局
24	12326 民航服务质量监督电话	12326	中国民用航空局
25	全国邮政业用户申诉电话	12305	国家邮政局
26	妇女维权公益服务热线	12338	中华全国妇女联合会
27	青少年心理咨询和法律援助热线电话	12355	中国共产主义青年团中央委员会
28	12351 职工服务热线	12351	中华全国总工会
29	12385 全国残疾人服务热线	12385	中国残疾人联合会
30	12317 扶贫监督举报电话	12317	国家乡村振兴局

注：表格中热线“名称”根据各热线责任单位门户网站公开信息以及国办发〔2020〕53号文件中信息等整理。

附录5：国务院办公厅关于进一步优化地方政务服务便民热线的指导意见

中国政府网 2021–01–06

各省、自治区、直辖市人民政府，国务院各部委、各直属机构：

政务服务便民热线直接面向企业和群众，是反映问题建议、推动解决政务服务问题的重要渠道。优化政务服务便民热线，对于有效利用政务资源、提高服务效率、加强监督考核、提升企业和群众满意度具有重要作用。近年来，一些地区率先探索，对本地的政务服务便民热线进行归并，依托一个号码开展服务，在为企为民排忧解难上发挥了积极作用。同时，地方政务服务便民热线号码仍过多、记不住，热线服务资源分散，电话难接通、群众办事多头找等现象还较为普遍。为进一步优化地方政务服务便民热线，提高政府为企便民服务水平，经国务院同意，现提出以下意见。

一、总体要求

（一）指导思想。

以习近平新时代中国特色社会主义思想为指导，深入贯彻落实党的十九大和十九届二中、三中、四中、五中全会精神，坚持以人民为中心，加快转变政府职能，深化“放管服”改革，持续优化营商环境，以一个号码服务企业和群众为目标，推动地方政务服务便民热线归并优化，进一步畅通政府与企业和群众互动渠道，提高政务服务水平，建设人民满意的服务型政府，推进国家治理体系和治理能力现代化，不断增强人民群众的获得感、幸福感、安全感。

（二）工作目标。

加快推进除110、119、120、122等紧急热线外的政务服务便民热线归并，2021年底前，各地区设立的政务服务便民热线以及国务院有关部门设立并在地方接听的政务服务便民热线实现一个号码服务，各地区归并后的热线统一为“12345政务服务便民热线”（以下简称12345热线），语音呼叫号码为“12345”，提供“7×24小时”全天候人工服务。同时，优化流程和资源配置，实现热线受理与后台办理服务紧密衔接，确保企业和群众反映的问题和合理诉求及时得到处置和办理，使政务服务便民热线接得更快、分得更准、办得更实，打造便捷、高效、规范、智慧的政务服务“总客服”。

（三）基本原则。

坚持属地管理和部门指导相统筹。充分发挥各地区在热线归并和管理服务工作中的主导作用，压实地方特别是市县责任，加强部门政策支持和配合衔接，一个号码、各地归并。

坚持诉求受理和业务办理相衔接。明确12345热线与业务部门的职责，加强工作衔接，12345热线负责受理企业和群众诉求、回答一般性咨询，不代替部门职能，部门按职责分工办理相关业务、实施监管执法和应急处置等，涉及行政执法案件和投诉举报的，12345热线第一时间转至相关部门办理，形成高效协同机制。

坚持便民高效和专业支撑相结合。以切实便利企业和群众为出发点和落脚点，拓展受理渠道，完善知识库共享、专家支持、分中心联动等机制，提高热线接通率和专业化服务水平。

坚持互联互通和协同发展相促进。强化12345热线平台与部门业务系统互联互通和信息共享，推动12345热线与各类线上线下政务服务平台、政府网站联动融合。相关部门要加强对普遍性诉求的研究分析，解决共性问题。

二、加快各地政务服务便民热线归并

（一）归并方式。

1. 整体并入。企业和群众拨打频率较低的政务服务便民热线，取消号码，将话务坐席统一归并到各地区12345热线。

2. 双号并行。话务量大、社会知晓度高的政务服务便民热线，保留号码，将话务坐席并入12345热线统一管理。对于不具备归并条件的热线，可以保留话务坐席，与12345热线建立电话转接机制，按照12345热线标准统一提供服务，具体由各地区根据实际情况决定。热线号码在一些地区已经取消的，原则上不再恢复。

3. 设分中心。实行垂直管理的国务院部门在各地区设立的政务服务便民热线，以分中心形式归并到所在地12345热线，保留号码和话务坐席，与12345热线建立电话转接机制，提供“7×24小时”全天候人工服务。同时，纳入所在地热线考核督办工作体系和跨部门协调机制，共建共享知识库，相关数据实时向12345热线平台归集。12345热线可按知识库解答一般性咨询，相对专业的问题和需由部门办理的事项通过三方转接、派发工单等方式，转至分中心办理。支持各地区对设分中心的热线进行整体并入、双号并行等实质性归并探索。

（二）归并要求。

1. 分级分类推进热线归并。各地区设立的政务服务便民热线，要全部取消号码，整体并入12345热线。国务院有关部门设立并在地方接听的政务服务便民热线，按照以上三种方式归并到各地区12345热线。

2. 确保热线归并平稳过渡。各地区要统筹各类政务服务便民热线的人员坐席、设施设备、工作流程、业务指标、知识库、服务能力等情况，分类制定实施方案，切实做好话务人员衔接安排，以及场地、系统、经费等各项保障，设置过渡期电话语音提示，有序做好12345热线平台与部门业务系统的衔接，保障热线服务水平不降低、业务有序办理。国务院有关部门要支持本行业领域内的热线纳入12345热线，指导做好专业知识库开放共享、系统对接、数据归集、驻场培训、专家坐席设置以及相关业务依职责办理等工作。

三、优化12345热线运行机制

（一）建立健全热线工作管理体系。各地区要建立健全政务服务便民热线工作统筹协调机制，负责本地区12345热线工作统筹规划、重大事项决策以及重点难点问题协调解决。明确12345热线管理机构，负责本级热线平台的规划建设和运行管理，建立和完善各项制度和工作流程，指导和监督本地区政务服务便民热线工作。对设置专家坐席的，各级部门要建立本行业专家选派和管理长效机制。逐步建立12345热线与110、119、120、122等紧急热线和水电气热等公共事业服务热线的联动机制。支持京津冀、长三角、成渝等地区建立区域内12345热线联动机制。

（二）明确热线受理范围。受理企业和群众各类非紧急诉求，包括经济调节、市场监管、社会管理、公共服务、生态环境保护等领域的咨询、求助、投诉、举报和意见建议等。不受理须通过诉讼、仲裁、纪检监察、行政复议、政府信息公开等程序解决的事项和已进入信访渠道的事项，以及涉及国家秘密、商业秘密、个人隐私和违反社会公序良俗的事项。

（三）优化热线工作流程。各地区12345热线要依法依规完善包括受理、派单、办理、答复、督办、办结、回访、评价等环节的工作流程，实现企业和群众诉求办理的闭环运行。建立诉求分级分类办理机制，明确规范受理、即时转办、限时办理、满意度测评等要求，完善事项按职能职责、管辖权限分办和多部门协办的规则，优化办理进度自助查询、退单争议审核、无理重复诉求处置、延期申请和事项办结等关键步骤处理规则。健全对企业和群众诉求高效办理的接诉即办工作机制。

（四）建立热线信息共享机制。各地区要建立统一的12345热线信息共享规则，加快推进各级12345热线平台与部门业务系统互联互通和信息共享，向同级有关部门实时推送受理信息、工单记录、回访评价等所需的全量数据，加强研判分析，为部门履行职责、事中事后监管、解决普遍性诉求、科学决策提供数据支撑。国务院有关部门要加强业务指导，推动地方部门的业务系统查询权限、专业知识库等向12345热线平台开放。

（五）强化信息安全保障。各地区要建立12345热线信息安全保障机制，落实信息安全责任，依法依规严格保护国家秘密、商业秘密和个人隐私，按照“谁管理、谁使用、谁负责”的原则，加强业务系统访问查询、共享信息使用的全过程安全管理。

（六）建立热线工作督办问责机制。各地区要建立健全12345热线督办、考核和问责机制。加强对诉求办理单位的问题解决率、企业和群众满意率等指标的综合评价，完善绩效考核，不断提升热线归并后的服务质量和办理效率。12345热线管理机构要运用督办单、专题协调、约谈提醒等多种方式，压实诉求办理单位责任，督促履职尽责。行政调解类、执法办案类事项应依法依规处置，不片面追求满意率。各地区要对企业和群众诉求办理质量差、推诿扯皮或谎报瞒报、不当退单等情形，按照有关规定进行问责和通报。

四、加强12345热线能力建设

（一）拓展受理渠道。各地区要做好热线接通能力保障建设，提供与需求相适应的人工服务，同时拓展互联网渠道，丰富受理方式，满足企业和群众个性化、多样化需求。加强自助下单、智能文本客服、智能语音等智能化应用，方便企业和群众反映诉求建议。

（二）加强热线知识库建设和应用。各地区要建立和维护“权威准确、标准统一、实时更新、共建共享”的12345热线知识库，完善多方校核、查漏纠错等制度。建立各部门向同级12345热线平台推送最新政策和热点问题答复口径、及时更新专业知识库的责任机制。加强与政务服务平台、政府网站知识库互联共享和同步更新，推动热线知识库向基层工作人员和社会开放，拓展自助查询服务。

(三)加强热线队伍建设。各地区要加强对一线人员的业务培训，提升热线服务质量和水平。各级部门要加大对热线工作的支撑力度，明确部门内部热线办理工作职责和人员，做好热线归并后的工作衔接和业务延续。

五、保障措施

(一) 加强组织领导。国务院办公厅负责全国政务服务便民热线工作的统筹协调，指导督促各地区优化政务服务便民热线工作，制定发布地方12345热线归并清单，及时研究解决热线建设发展中的重大问题。各地区各部门要切实加强组织领导，各级政府办公厅(室)牵头负责本地区的政务服务便民热线优化工作，对照地方12345热线归并清单细化工作步骤，确保按期完成热线归并任务。

(二) 加强制度保障。加快建立健全政务服务便民热线国家标准体系。各地区各部门要根据实际情况制定和完善相关管理规范，建立经费保障机制，为政务服务便民热线的规范运行提供制度保障。原则上各地区各部门不得再新设政务服务便民热线（包括新设号码和变更原有号码名称、用途)。

(三) 加强社会参与。健全12345热线社会监督机制，推动开展12345热线服务效能“好差评”工作。各地区各部门要广泛宣传12345热线的功能作用，及时总结推广好经验好做法，更大程度方便企业和群众记忆和使用。

各地区要根据本意见抓紧制定具体工作方案，明确责任单位和进度安排，加强衔接配合，认真抓好落实。

附件：地方 12345 热线归并清单

国务院办公厅

2020 年 12 月 28 日

（此件公开发布）

附录6：地方12345热线归并清单（共32条）

一、整体并入

序号	名称	号码	责任单位	备注
1	全国统一科技公益服务电话	12396	科技部	
2	全国电信用户申诉渠道咨询电话	12300	工业和信息化部	
3	全国统一民政服务电话	12349	民政部	
4	全国统一自然资源违法举报电话	12336	自然资源部	
5	全国统一商务领域举报投诉咨询服务电话	12312	商务部	
6	全国统一旅游资讯服务电话	12301	文化和旅游部	
7	人口和计划生育法律法规咨询及举报投诉服务专用电话	12356	国家卫生健康委员会	
8	火灾隐患举报投诉电话	96119	应急管理部	
9	全国统一知识产权维权援助公益服务电话	12330	市场监督管理总局	
10	全国统一仪器药品监督举报服务电话	12331	市场监督管理总局	
11	全国价格投诉举报统一电话	12358	市场监督管理总局	
12	全国质量技术监督系统和出入境检验检疫统一电话	12365	市场监督管理总局	
13	全国防震减灾公益服务电话	12322	中国地震局	

二、双号并行

序号	名称	号码	责任单位	备注
1	全国公共法律服务专用电话	12348	司法部	设专家坐席
2	全国人力资源和社会保障服务电话	12333	人力资源和社会保障部	设专家坐席
3	环境保护投诉举报电话	12369	生态环境部	
4	全国住房和城乡建设服务电话	12319	住房和城乡建设部	
5	全国统一住房公积金热线服务电话	12329	住房和城乡建设部	设专家坐席
6	全国交通运输服务监督电话	12328	交通运输部	
7	全国农业系统公益服务电话	12316	农业农村部	设专家坐席
8	全国文化市场举报电话	12318	文化和旅游部	
9	全国统一公共卫生公益服务电话	12320	国家卫生健康委员会	设专家坐席
10	全国统一安全生产举报投诉电话	12350	应急管理部	
11	12315 市场监管投诉举报热线	12315	市场监督管理总局	
12	医疗保障服务热线	12393	国家医疗保障局	
13	全国扶贫监督举报平台电话	12317	国家乡村振兴局	
14	全国残疾人维权服务电话	12385	残疾人联合会	

三、设分中心

序号	名称	号码	责任单位	备注
1	全国统一海关公益服务电话	12360	海关总署	
2	全国税务系统一电话	12366	税务总局	
3	全国烟草专卖品市场监管举报电话	12313	国家烟草专卖局	
4	国家移民管理局 12367 咨询服务热线	12367	国家移民管理局	
5	全国邮政业用户申诉电话	12305	国家邮政局	

附录7：北京师范大学政府管理学院服务型政府研究中心简介

一、基本情况

北京师范大学创立于1902年，是一所拥有百年历史积淀、学科门类齐全、学科体系完整的教育部直属重点大学。“九五”期间，学校被首批列入“211工程”建设计划，“十五”期间，进入国家“985工程”建设计划。2017年，学校进入国家“世界一流大学”建设A类名单，11个学科进入国家“世界一流学科”建设名单。同时是中国最早开展公共管理专业学位教育的机构之一。北京师范大学政府管理学院于2013年建院，其前身为成立于2001年的管理学院。学院现有60多名教职工、1000余名在校学生，形成了“本－硕－博”完整的人才培养体系。

北京师范大学政府管理学院服务型政府研究中心是北京师范大学政府管理学院为了深入贯彻落实党中央、国务院的决策部署，把握新形势下政务工作的新特点、新要求和新趋势，围绕建设人民满意的服务型政府的目标而设立的中国特色新型智库，是全国服务型政府建设研究的“思想库”。

二、主要工作

北京师范大学政府管理学院服务型政府研究中心汇聚了大量来自政府管理研究领域和来自政务服务热线一线的专家顾问，有厚实的研究积累和丰富的行业经验。目前，研究中心下设政务热线、政务服务、政民互动和智慧政务四个研究方向，主要开展如下工作：

（一）学术研究

积极开展政务热线、政民互动、政务服务、数字政府建设、行政体制改革、政府科学决策咨询等领域理论研究，发布理论成果。

（二）支撑评价

积极参与政务热线、政民互动、政务服务、数字政府建设等相关制度和国家标准体系建设，构建服务型政府能力建设管理规范和评价指标体系，定期为相关单位提供诊断报告，积极配合开展相关支撑和评估工作。

（三）政务咨询

采取多种形式为社会提供政务热线、政民互动、政务服务、数字政府建设、行政体制改革、政府科学决策咨询等领域相关咨询。

（四）交流合作

通过组织考察、加强培训、举办会议等不断加强交流与合作，培养和造就服务型政府建设领域人才，充分发挥行政管理学科人才库的作用。

（五）产业服务

结合中心特点，融合大数据、AI、融媒体等领域最新成果，为政府和企业提供政务热线、政民互动、政务服务、数字政府建设等领域产学研综合服务，协助解决实际问题，不断提高服务型政府建设实效。

三、联系方式

地 址：北京海淀区新街口外大街19号 北京师范大学政府管理学院服务型政府研究中心 100875

联系人：

黄国彬 huanggb@bnu.edu.cn

孟 嘉 fwxzf@bnu.edu.cn